Dieter Krowatschek, Uta Hengst, Dietrich Leiterer

Schwarzes Theater – leicht gemacht

Ausstattung und Spielvorschläge für den Einsatz in der Schule

Dieter Krowatschek, Uta Hengst, Dietrich Leiterer

Schwarzes Theater – leicht gemacht

Ausstattung und Spielvorschläge für den Einsatz in der Schule

borgmann

Veröffentlicht in der Edition:
borgmann publishing • Schleefstraße 14 • D-44287 Dortmund

5. Aufl. 2013

Gesamtherstellung: Löer Druck GmbH, Dortmund
Fotos: Stephan Scheffer, Dieter Krowatschek, Jürgen Majewski
Edition Volker Huber

Gestaltung der graphischen Symbole: Uta Hengst, Sandra Tutsch

Bestell-Nr. 8308 ISBN 978-3-86145-196-9

Inhalt

In den letzten Jahren haben wir mit vielen Schulklassen Schwarzes Theater realisiert. Stellvertretend für alle hat die Klasse 060c des Schuljahres 1999/2000 der Lahntalschule in Biedenkopf besonders viele Ideen und Verbesserungsvorschläge entwickelt, die wir in diesem Buch berücksichtigt haben

Vorwort und Danksagung

„Schwarzes Theater – leicht gemacht“ ist aus der Arbeit im Unterricht entstanden. In enger Zusammenarbeit der Fächer Deutsch, Werken und Kunst haben wir in den letzten Jahren mehrere Projekte zum Schwarzen Theater für die Klassen 5 und 6 entwickelt. Sie wurden im Rahmen des Fachunterrichtes oder aber in mehrtägigen Landschulheimaufenthalten gestaltet. Sie sind so konzipiert, dass sie sowohl in der Grundschule als auch in der Sekundarstufe einsetzbar sind.
Alle Materialien und Spielvorschläge haben wir mit Kindern oder Jugendlichen entworfen, verändert, verbessert und natürlich ausprobiert. Schwarzes Theater hat in den letzten Jahren vielen Schulklassen Spaß gemacht und uns gezeigt, mit wie viel Begeisterung, Engagement, Arbeitseinsatz, Kreativität, Durchhaltevermögen und Liebe zum Detail ein solches Projekt von Schulklassen durchgeführt werden kann.

Am Einüben der Nummern und bei den Aufführungen waren viele Helfer beteiligt, vor allem aber meine Praktikanten Bettina von Hippel und Gordon Wingert. Ein besonders herzliches Danke geht an Dipl.-Psych. Carmen Grebe, die einige der phantasie- und effektvollsten Nummern mit den Kindern entwickelt und eingeübt hat.

Sehr wichtige, hilfreiche Anregungen und Materialien haben wir zusätzlich von dem englischen Puppenspieler Ray Dasilva aus Oxfordshire, von Herrn Wilfried Nold, Frankfurt, von Herrn Volker Huber (Edition Volker Huber, Offenbach) und von der Bibliothekarin des Historischen Museums in Frankfurt, Frau Schabert, erhalten. Herr Huber hat uns freundlicherweise sogar ein Plakat für einen Auftritt von Max Auzinger, dem Erfinder des Schwarzen Theaters, aus dem 19. Jahrhundert zur Verfügung gestellt.
Wie auch bei anderen Manuskripten hat Frau Sandra Tutsch die Ausgestaltung der Symbole, der Zeichnungen und die Anordnung der Textpassagen übernommen.
Ihnen allen möchten wir herzlich danken.

Marburg, im Januar 2000

Hereinspaziert ...

Das Licht im Zuschauerraum wird gelöscht, alles ist dunkel und schwarz. Das Publikum blickt erwartungsvoll nach vorn, wo sich der Bühnenraum nur erahnen lässt. Plötzlich setzt die Musik ein, und ein einzelner leuchtend bunter Schmetterling erscheint. Er flattert quer über die Bühne, und auf einmal füllt sich der Raum mit zahllosen Faltern, die prächtig leuchten und sich zur Musik bewegen.

Dann kriecht eine Riesenraupe über eine rote Schnur und jongliert mehrere Bälle. Ein tanzendes Skelett verliert alle seine Knochen und am Ende gar seinen Kopf. Weiße Hände tauchen auf. Farbige Tücher wirbeln durch den Raum und bilden faszinierende Farbmuster zur Musik ... Das alles ist Schwarzes Theater.

Das Geheimnis des Schwarzen Theaters liegt in der Anordnung der Bühne und der verwendeten Lichttechnik. Professionelle Bühnen sind von allen Seiten – einschließlich Boden und Decke – mit schwarzem Samt ausgekleidet. Samt wird gewählt, da er Licht nicht reflektiert. Für Aufführungen in der Schule reichen oft schon schwarze Plastikfolien.

Schwarzes Theater kann auf vier unterschiedliche Arten[1] realisiert werden:

- Als **Schwarzes Kabinett**. Im ursprünglichen Schwarzen Kabinett war der Bühnenraum komplett mit schwarzem Samt ausgekleidet. Auf der Bühne agierten Spieler, die ebenfalls völlig schwarz gekleidet waren. Sie trugen Gegenstände in grellen Farben, ließen sie also im Raum schweben, oder bedeckten sie mit schwarzem Samt, sodass sie verschwanden bzw. unvermittelt erschienen. Da der Bühnenraum unbeleuchtet war, machte man sich eine optische Täuschung zunutze: Das menschliche Auge kann unterschiedliche Ausprägungen von Schwarz nicht wahrnehmen, und somit sind Bühnenhintergrund und Spieler nicht zu unterscheiden. Wenn nun also ein schwarzer Gegenstand oder eine schwarz gekleidete Person vor einen schwarzen Hintergrund gestellt werden, ist sie unsichtbar. Ein Spieler, der weiße Handschuhe oder Socken trägt, und sonst schwarz gekleidet ist, erscheint dann folgerichtig nur als Hand oder Fuß. So konnte dementsprechend auch der Kopf einer enthaupteten Person problemlos bewundert werden. Im Vordergrund der Bühne agierte der Künstler selbst, oft ein Zauberer. Der Effekt wurde dadurch verstärkt, dass die Bühnenöffnung mit Kerzen oder einen hellen Lichterkette umrandet war. So entstand bei den Zuschauern der Eindruck, dass die ganze Bühne beleuch-

[1] Kersten, R. (1990): Schwarzes Theater. Frankfurt: Puppen und Masken. S. 41ff.

tet sei. Viele Zauberkunststücke wurden auf diese Art und Weise realisiert.

- Mit einem **Lichtvorhang aus Weißlicht**. Auf beiden Seiten der Bühne und vom oberen Teil der Bühne her werden starke Reflektoren eingesetzt, die keine Lichtstreuung haben, sodass ein sogenannter Lichtvorhang entsteht. Das Licht soll scharf, weiß und gleichmäßig über die Spielfläche verteilt sein, sodass Objekte und Spieler nur innerhalb des Lichtvorhangs zu sehen sind. Die unsichtbaren Spieler sind nun vollständig schwarz gekleidet und

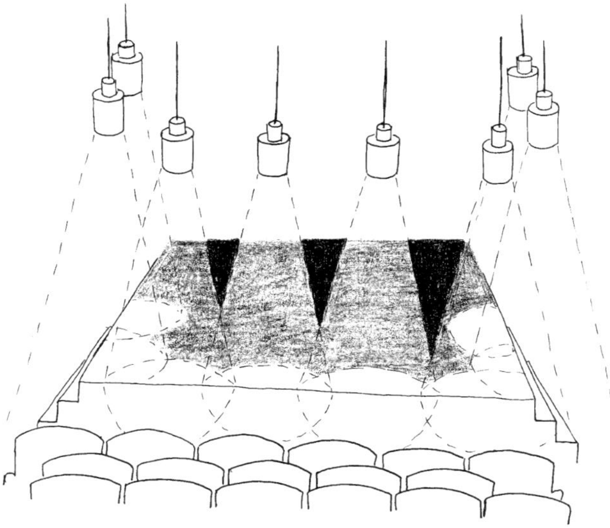

Der Lichtvorhang

halten die Objekte von hinten, sodass keine Schnüre oder Stöcke sichtbar werden. Nur Gegenstände in kräftigen Farben, die zu sehen sein sollen, werden innerhalb des Lichtvorhangs bewegt. Wenn die Spieler mit den Gegenständen oder Puppen agieren sollen, bleiben sie ebenfalls gut beleuchtet in der Lichtwand.

- Durch den Einsatz von **Schwarzlichtlampen**. Hier gibt es Leuchtstoffröhren und Scheinwerfer. Bedingt durch die hohen Kosten werden sie oft nur von professionellen Theatern verwendet.
- Mit Hilfe von **ultraviolettem Licht**. Als besonders preisgünstig und außerordentlich effektiv hat sich im schulischen Bereich der Einsatz von UV-Licht bewährt. Ultraviolette Leuchtstoffröhren bringen vor allem fluoreszierende Farben zum Leuchten und lassen faszinierende Farbeffekte zu. Sie werden natürlich aus Kostengründen bevorzugt, ganz abgesehen davon, dass sich Aufführungen mit ultraviolettem Licht einfach realisieren lassen. Von daher basieren die hier gemachten Vorschläge auf Erfahrungen im Einsatz mit ultraviolettem Licht.

Ein Elefant verschwindet ...

Die Technik des Schwarzen Theatern hat vermutlich ihren Ursprung in China. Dort bereits wurden Puppen auf einer schwarz gehaltenen Bühne von schwarz gekleideten Spielern in einem Lichtkorridor bewegt, sodass nur die Figuren, nicht aber die Spieler, sichtbar waren.
Als eigentlicher Erfinder des Schwarzen Theaters gilt der Schauspieler und Spielleiter Max Auzinger (1839-1928). Er wurde durch einen kleinen Fehler zum Schöpfer des Schwarzen Kabinetts. Als Spielleiter wollte er dem Publikum eine Kerkerszene besonders dramatisch und schaurig nahebringen. Er ließ deshalb den Bühnenraum mit schwarzem Samt ausschlagen. Nun sollte ein „kohlpechrabenschwarzer Mohr“ in die dramatische Handlung eingreifen. Als nun sein Kopf im Kerkerfenster erschien, war von seinem Gesicht nicht das Geringste zu sehen. Lediglich zwei Reihen weißer Zähne schwebten grinsend in der Luft – sehr zum Vergnügen des Publikums. Die Wirkung der dramatischen Szene verpuffte. Auzinger erkannte seinen Inszenierungsfehler, begriff aber zugleich die Chancen des Effektes für zukünftige Aufführungen. Er soll sich mit Hilfe der Puppenküche seines Töchterchens ein Modell einer „Schwarzen Bühne“ konstruiert haben. Er wandelte die Puppenküche in ein schwarzes Kabinett um, und ein kleiner Porzellanengel diente als erster Darsteller. Max Auzinger erkannte, dass die Idee außerordentlich brauchbar war.
Er konstruierte eine entsprechende Bühne und kreierte eine „Schau ägyptischer und indischer Wunder“, mit der er in Berlin erstmalig 1885 auftrat. Die Bühne ruhte auf etwa ein Meter hohen Sphinxgestalten, sodass kritische Zuschauer sehen konnten, dass keinerlei Hilfe von unten kam. Unter der Bühne sah man eine künstlerisch gemalte Nillandschaft, die den Effekt des Schwarzen Theaters verstärkte.

Das Schwarze Kabinett von Max Auzinger (nach einer Zeichnung seiner Tochter)

Der Erfinder des Schwarzen Kabinetts, Max Auzinger, wirbt für seine Aufführung.

Die Bühnentechnik war so neuartig und unterschied sich so grundsätzlich von der anderer Zauberer, dass die Aufführungen Riesenerfolge erzielten.
Auzinger selbst trat erstmalig 1885 unter dem Künstlernamen „Ben Ali Bey" auf. Er trug ein orientalisches Priestergewand, hatte einen wallenden weißen Bart und kombinierte seine Darbietungen mit einem geschliffenen und humorvollem Vortrag, sodass seine Zuschauer den Eindruck hatten, tatsächlich Märchen aus Tausendundeiner Nacht zu erleben. Er dachte sich seine Nummern selbst aus. Er verwandelte Erbsen in Zucker und Bohnen in schwarzen Kaffee. Schließlich begann ein auf eine schwarze Tafel gezeichnetes Skelett nach den Klängen von Musik zu tanzen, und wenn die eine Hälfte weggewischt wurde, tanzte die andere lustig weiter. Ben Ali Bey verneigte sich lächelnd und dankte für den Applaus – und plötzlich stand er ohne Kopf da, während dieser sich auf einem Seitentische wiederfand, lächelte und sich dann wiederum auf unerklärliche Weise in eine Blumenschale verwandelte, deren Inhalt unter den Zuschauern verteilt wurde.
Schon ein Jahr später trat der französische Zauberer Buatier De Kolta in der „Egyptian Hall" in London auf. Er arbeitete mit der gleichen Technik und ließ sie sich patentieren, wobei Auzinger ihm unterstellte, dass er wohl eine seiner Vorstellungen in Hamburg gesehen habe müsste.[2]
Noch im 20. Jahrhundert wurde das Schwarze Theater mit Magie und Sinnestäuschungen verbunden, weil Spielarten seiner Techniken tatsächlich von den großen Zauberern und Magiern auch schon vor Auzinger verwendet worden waren. Durch schwarze Abdeckungen verschwanden Gegenstände im dunklen Raum. So wurden auch Körper zum Schweben gebracht, enthauptet oder zersägt.
Einer der berühmtesten und spektakulärsten Tricks, der schon im 19. Jahrhundert gezeigt wurde, war „Das verschwindende Pferd". Ein Schimmel wurde mit einem Reiter auf die Bühne geführt. Dann wurden beide mit einem riesigen weißen Tuch bedeckt. Unter dem weißen Tuch befand sich ein schwarzes. Dann zog man das weiße Tuch weg. Das schwarze Tuch bedeckte nun Pferd und Reiter. Beide waren für die Zuschauer nicht mehr zu sehen, da sie ja in einem schwarzen Kabinett standen. Einmal jedoch ereignete sich bei diesem Trick ein Zwischenfall, weil ein Gehilfe den Schimmel mangelhaft bedeckt hatte. Nach Abheben des weißen Tuches blieb der Schweif des Tieres unbedeckt. Dieser wedelte nun in der Luft herum – natürlich zur Belustigung der Zuschauer. Den wirkungs-

[2] Steinmeyer, J.H. (1999): The Science Behind the Ghost. Burbank/California: Hahne.

vollsten Reklametrick praktizierte in diesem Zusammenhang der Zaubermeister Kaßner, der einen Elefanten verschwinden ließ.
Auch der weltberühmte indische Seiltrick kann im Schwarzen Theater präsentiert werden: Ein Junge klettert auf Anweisung eines Fakirs an einem Seil empor, das sich von selbst gen Himmel schlängelt. Oben angekommen, verschwindet der Junge plötzlich in einer Rauchwolke. Der Fakir ist erzürnt und erklettert nun selbst das Seil mit einem riesigen Messer. Auch er wird unsichtbar. Man hört Schreien und Wehklagen. Blutige Körperteile des Jungen fallen zu Boden. Der Fakir erscheint wieder, sammelt die Teile auf und legt sie einen Korb – und der Junge steigt unversehrt wieder aus dem Korb. Man benötigt für diesen Trick einen schwarzen Hintergrund, zumindest hinter dem Seil. Das Seil wird an einem Kabel hochgezogen. Ein dicker Knoten am Ende verbirgt einen eisernen Haken, an dem das Kabel befestigt ist. Der Junge klettert das Seil hoch. Es blitzt, der Junge ist verschwunden, das Seil fällt zu Boden. Die Blitze haben nun den Zuschauer abgelenkt und ihn auch etwas geblendet. Vor dem Jungen wurde eine schwarze Decke heruntergelassen. Er nimmt auf einem schwarzen Gestell Platz, löst schnell die Halterung des Seils und lässt es auf den Boden fallen etc.
Selbst noch nach 1947 hatte der Zauberkünstler Marvelli als Hauptnummer „Das lebende Seil" im Programm. Es lag zunächst unscheinbar auf dem Tisch, begann unter UV-Licht zu glühen und erwachte zum Leben. Es schlängelte sich bei Musik in die Höhe, fiel am Schluss wieder schlaff in sich zusammen und war wieder ein einfaches Seil, das die Zuschauer untersuchen durften. Marvelli stand daneben und lächelte geheimnisvoll, wenn er sagte: „Ihr saht ein Wunder, glaubt es nur!"
Natürlich haben sich Spiritisten, ihre Medien und viele Dilettanten die Vorteile des Schwarzen Kabinetts zu Nutze gemacht und ihre Sitzungen mit Tricks und Betrügereien angereichert. Die Kunst des Schwarzen Kabinetts, phantastische Illusionen zu erzeugen, verlor so ihren Reiz. Es fanden sich viele stümperhafte Nachahmer. Aber keiner erreichte das Niveau seines Erfinders Auzinger, und das Interesse des Publikums erlahmte. Darbietungen des Schwarzen Kabinetts waren daher bis heute relativ selten.
In den letzten fünfzig Jahren wurde das Schwarze Theater durch die Fortentwicklung der Lichttechnik auch für das Puppentheater zunehmend interessanter. So benutzte unter anderen auch das Prager Marionettentheater „Spejbl & Hurvinek" Elemente aus der Technik des Schwarzen Theaters. Dies führte zur Gründung des „Schwarzen Theaters Prag". Diese Gruppe kreierte eine Kombination von Musik, Darstellung, Mimik und Puppenspiel und bewirkte durch ihre niveauvollen und kreativen Programme, dass die Technik des Schwarzen Theaters durch zahlreiche Gruppen in

vielen Ländern wieder aufgegriffen wurde. So verknüpfte das Prager „Schwarze Theater“ Elemente des Tanzes und der Pantomime mit der Technik des Schwarzen Kabinetts. In einer Szene wird z.B. die Wäsche auf der Leine lebendig, fängt an zu tanzen und sich zu streiten. Allerdings werden in dieser Form des Schwarzen Theaters rein künstlerische Gesichtspunkte in den Vordergrund gestellt. Die Tricks des traditionellen Schwarzen Kabinetts werden aufgedeckt, wenn am Schluss der Vorstellung dem Publikum nicht nur die sichtbaren Spieler, sondern auch die schwarzen Helfer vorgestellt werden. Von der Illusion bleibt wenig übrig.

In den 60er Jahren entstanden vor allem in Prag abendfüllende Programme und komplette Theaterstücke. Die Gruppe „Laterna Magica“ machte schließlich die Technik des Schwarzen Theaters international bekannt.

Im deutschen Sprachbereich wurde das Genre in besonderer Weise durch das Projekt Traumfabrik[3], gegründet von Rainer Pawelke, in den 80er Jahren fortentwickelt. Hier wird anschaulich verdeutlicht, wie kreativ und künstlerisch mit einfachsten Mitteln im Schwarzen Theater gearbeitet werden kann.

[3] Pawelke, R. (1995): Schwarzes Theater aus der Traumfabrik. München: Hugendubel.

Schwarzes Theater – für die Schule leicht gemacht

Die Arbeit mit der Technik des Schwarzen Theaters bietet sich für die Schule in besonderer Weise an. Sie ist in allen Altersstufen und für Kinder unterschiedlichster Begabung einfach zu realisieren.
In der Regel werden die Aufführungen eine Dauer von 30-60 Minuten haben. Da wir bei allen Vorschlägen für die Schule mit ultraviolettem Licht arbeiten, empfiehlt es sich wegen der Ermüdung der Augen, das Programm nicht über 60 Minuten auszudehnen.
Das Programm kann aus einzelnen Nummern zusammengestellt sein, bei denen nicht gesprochen werden muss. Da die meisten Nummern mit Musik unterlegt sind, kann die Sprache etwas in den Hintergrund treten, wenn auch ein gewisses Gefühl für den Rhythmus der Begleitmusik von Vorteil ist. Grundsätzlich können alle Kinder mitmachen. Da die Spieler alle schwarz gekleidet sind, wird in der Regel kein besonderes schauspielerisches Talent benötigt. Es ist aber natürlich auch möglich, kleine Sketche aufzuführen – je nachdem wieviel Vorbereitungsarbeit in das Projekt investiert wird.
Die Spielanlässe können unterschiedlichster Natur sein. So können Aufführungen aus dem Unterricht heraus, im Rahmen einer Projektes entstehen oder Ergebnis einer Klassenfahrt sein.
Mit einfachen Mitteln kann das Programm – mit und auch ohne Bühne – auf Elternabenden, bei Verabschiedungen, Tagen der Offenen Tür etc. vorgeführt werden.
Schwarzes Theater für die Schule muss nicht teuer sein – es kann als Projekt sehr preiswert realisiert werden. Das UV-Licht steht in Form von Leuchtstoffröhren preisgünstig zur Verfügung. Auch die Bühnenausstattung kostet nicht viel, da man sowohl mit Stoffresten als auch mit Abdeckfolien aus Plastik arbeiten kann. Eine solche schwarze Abdeckfolie aus der Landwirtschaft im Format 10x18 Meter kostet ca. 20,– DM[4].
Alle Utensilien können in Eigenbau hergestellt werden. Sie sehen aufgrund der faszinierenden Farbeffekte auch dann interessant aus, wenn sie von Kindern hergestellt wurden, deren explizite Begabung nicht im Bereich von Zeichnen, Basteln und Werken liegt.
Man kann im Prinzip wenig falsch machen. Mit einfachen Mitteln wird eine hohe Wirkung und Faszination erzielt. Außerdem bereitet das Agieren im Schwarzen Theater in der Regel allen Kindern und Jugendlichen viel Spaß. Selbst bei Pubertierenden erfreut es sich großer Beliebtheit, da die Akteure sich nicht vor allen produzieren müssen, sondern im Dunkeln agieren.

---

[4] Erhältlich u.a. bei Raiffeisen

Natürlich ist ein gewisses Maß an Ideenreichtum, Flexibilität und Kreativität notwendig, die Kinder und Jugendliche und natürlich auch die Kolleginnen und Kollegen in der Regel ausreichend einbringen. So sind die im Folgenden gemachten Spielvorschläge nicht dogmatisch zu verstehen. Man kann sie voll übernehmen, sie aber auch abändern oder etwas ganz Neues erarbeiten – um so besser. Die Vorschläge sollen am Anfang etwas Sicherheit geben und Mut machen, eigene Ideen zu realisieren.

Die Bühne

Der Bühnenraum selbst sollte ein absolut dunkler Raum sein. Besonders günstig ist es, wenn man in einer sogenannten „black box" spielen kann. Sie ist leicht herstellbar, wenn man beispielsweise das Gestänge eines oder zweier Gartenzelte benutzt.
Die in der Regel weißen Stangen müssen natürlich schwarz gestrichen werden. Hierzu verwendet man am günstigsten seidenmatt oder matt auftrocknende Acrylfarbe. Ihre Vorteile: Sie ist lösungsmittelarm und schnell trocknend. Die Arbeitsgeräte können unter Wasser gereinigt werden.
Benutzt man nur ein Gerüst, steht ein Spielraum von in der Regel 3x3 Metern zur Verfügung. Dies ist ein sehr kleiner Bühnenraum, sodass es fast günstiger ist, zwei Gerüste miteinander zu verbinden, wobei die vorderen – innen liegenden – Stützen entfernt werden. Zur Stabilisierung der Konstruktion bedarf es dann aber mit Draht einer Aufhängung nach oben an die Decke. Ist dies nicht möglich, muss eine zusätzliche horizontale Versteifung der vorderen Dachholme angebracht werden.

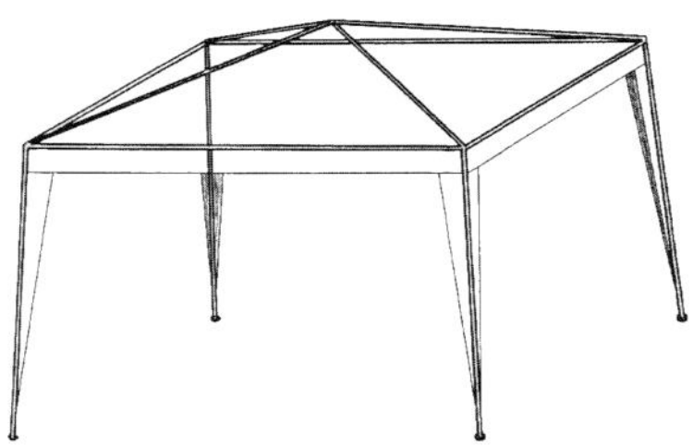

Ein Gartenzeltgerüst ergibt eine Spielfläche von 3 x 3 Metern.

Zwei miteinander verbundene Gerüste mit einer Spielfläche von 6 x 3 Metern, die in der Regel völlig ausreicht.

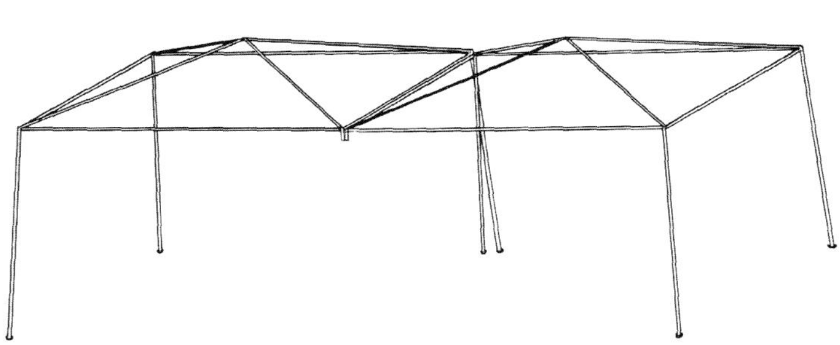

Mittlerweile gibt es aber auch schon größere Versionen von Gartenzelten auf dem Markt, die eine solche Kombination zweier Zeltgestänge überflüssig machen können.
Diese Gerüste haben den Vorteil, dass man schwarzen Stoff einfach über die Streben legen und hängen kann und so auf einfachste Art und Weise eine „black box" zur Verfügung hat. Es ist keinesfalls notwendig, mit schwarzem Samt zu arbeiten. Schwarze, undurchsichtige Stoffreste reichen völlig aus. Glänzende Stoffe sind dabei nicht so gut geeignet, da sie die fluoreszierenden Farben widerspiegeln. Die preisgünstigste Variante stellen schwarze Plastikfolien dar. Es gibt sie in der Regel in den Maßen 10 x 18 Meter, sodass zumindest die Decke des gesamten Bühnengerüstes kostengünstig gestaltet werden kann. Selbst wenn der gesamte Bühnenraum dunkel ist, sollte auch die Decke schwarz abgedeckt sein, weil jede andere Farbe während der Aufführung vom Zuschauerraum heraus erkennbar ist. Die Seitenwände und der Hintergrund der „black box" sollten mit schwarzen Stoffbahnen ausgestaltet werden.
Die seitlichen Stoffbahnen werden so angebracht, dass im hinteren Bereich der Bühne auf beiden Seiten eine genügend große Öffnung ausgespart bleibt, um den Zu- und Abgang der Akteure zu ermöglichen. Bei Anbringung der Stoffbahnen sollte auf ausreichende Überlappung geachtet werden. Die Verbindung der Bahnen erfolgt mit Steck- oder besser noch mit schwarzen Sicherheitsnadeln. Es hat sich in vielerlei Hinsicht als günstig erwiesen, die einzelnen Stoffbahnen am oberen Ende mit Heftzwecken auf einer schmalen Holzleiste zu befestigen und diese dann mit zwei dünnen Drähten am Zeltgestänge zu befestigen. Danach wird die Plastikfolie aufgelegt, um die vorderen Holme herum etwas nach innen eingerollt und mit Paketklebeband fixiert. An den Bühnenzugängen wird die Folie vertikal aufgeschnitten, nach oben gerafft und ebenfalls mit Klebeband festgemacht.
Der Fußboden wird mit schwarzer Teichfolie ausgelegt, wie man sie in jedem Gartencenter erhält. Wegen der Rutschgefahr wird er gut mit schwarzem Textilband gesichert. Hier eignen sich Abdeckfolien nicht, da sie sich wegen ihres geringen Gewichtes ständig verschieben. Außerdem reißen sie leicht.
Gespielt wird in der „black box", die ja zu den Zuschauern hin offen ist. Alle Requisiten etc. können an der Seite oder hinter ihr abgelegt werden, wobei es günstig ist, wenn der gesamte Bühnenraum dunkel ist. Es können zusätzlich Trennwände aufgestellt werden, die Spieler und Requisiten hinter der Bühne verdecken.
Als Mindestmaß empfiehlt sich eine Bühnenbreite von 5-6 Metern mit einer Tiefe von 3-4 Metern und einer Höhe von 2-2,50 Metern.

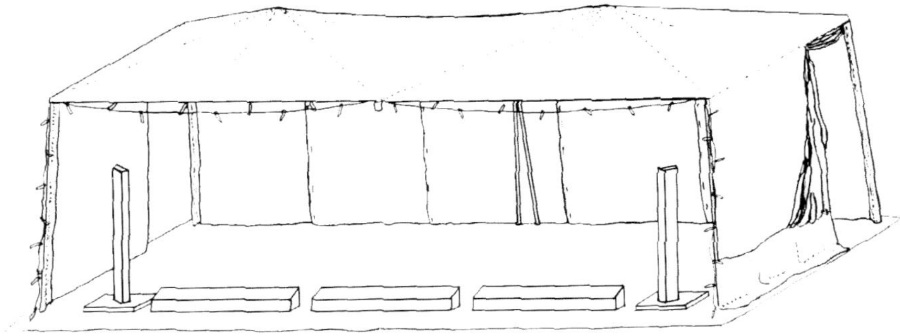

Die Bühne hat links und rechts je einen Zugang. Die Öffnung zum Zuschauerraum ist mit einer Lichterkette umgeben.

Der Zuschauerraum sollte abgedunkelt sein. Er muss nicht vollständig dunkel sein. Hier ist es nicht störend, wenn durch die eine oder andere Ritze noch etwas Licht fällt.
Es ist außerordentlich günstig, wenn um die Bühnenöffnung herum eine bunte Lichterkette (Christbaumkerzen) hängt. Sie muss so angebracht sein, dass sie die Bühne nicht erleuchtet. Ihre Aufgabe ist es, das menschliche Auge zu täuschen und dafür zu sorgen, dass es sich nicht so leicht an die Dunkelheit adaptiert. Hierdurch wirkt der Bühnenraum absolut pechschwarz. Man macht sich also die Tricks der Zauberer aus dem Schwarzen Kabinett zunutze, die auf die gleiche Weise die Augen der Zuschauer getäuscht haben.
Zusätzlich kann man vor der Bühnenöffnung einen Tüll- oder Gazevorhang anbringen. Er sollte straff auf einen Rahmen gespannt sein. Dieser zusätzliche Vorhang hat folgende Vorteile: bei nicht voll abdunkelbarem Zuschauerraum schwächt er die Lichteinwirkung ab, und zusätzlich lässt er gerade die teilweise sehr grell leuchtenden fluoreszierenden Farben weicher wirken. In professionellen Theatern wird er häufig verwendet. In der Schule ist es von Vorteil, wenn ein Gazevorhang zur Verfügung steht. Es ist aber nicht Bedingung. Ist dies nicht der Fall, kann man bedenkenlos auch auf ihn verzichten.
Wer absolut keinen Bühnenraum, eine „black box“ oder ähnliches zur Verfügung hat, kann natürlich auch vor einer schwarzen Wand spielen: Wand und Boden werden in einem bestimmten Bereich mit schwarzem Stoff oder Folie ausgelegt.
Es ist auch möglich, die Stoffbahnen über Stellwände fallen zu lassen. Dies hat zusätzlich den Vorteil, dass man nicht nur vor, sondern auch hinter der Stellwand agieren kann.

Da man nicht immer einen Bühnenraum oder eine „black box“ zur Verfügung hat, eignet sich eine solche Bühnenkonstruktion vor

Eine einfache Stellwand, über die ein großes schwarzes Tuch gehängt wird, tut es für den Anfang auch. Es wird vor dem schwarzen Hintergrund gespielt. Zwei UV-Leuchtstoffröhren beleuchten die Stellwand. Der Zuschauerraum muss gut verdunkelt sein.

allem für die Proben. Man kann sie ohne großen Aufwand überall schnell auf- und wieder abbauen.

Der Bühnenraum wirkt vollständig schwarz. Nur die Lichtkästen am Bühnenrand sind zu erkennen.

Die Beleuchtung

Professionelle Bühnen arbeiten mit Schwarzlichtlampen, bei denen das schwarze Glas alles sichtbare Licht vollständig absorbiert. Es werden nur UV-Strahlen emittiert. Treffen sie nun auf UV-aktive Stoffe, so leuchten diese recht kräftig. Schwarzlichtlampen brauchen ca. 3 Minuten, bis sie voll funktionsfähig sind, und benötigen teilweise ein Vorschaltgerät.

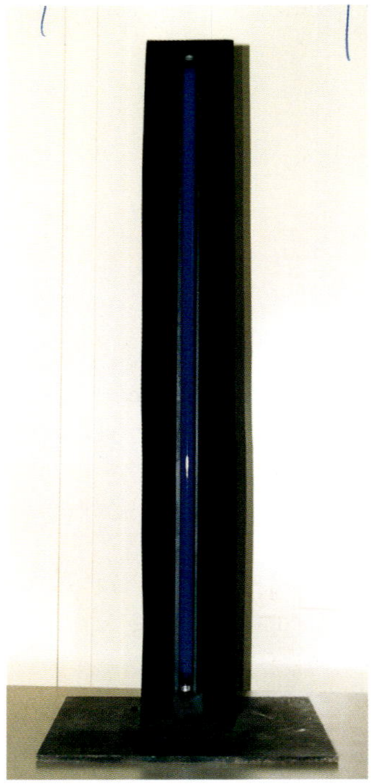

Erheblich günstiger sind Leuchtstoffröhren mit dunkel-violett eingefärbtem Glas, sogenannte UV-Lampen[5]. Die UV-Strahlung kann nur wirkungsvoll in einem dunklen Raum eingesetzt werden. Angeregt durch die UV-Strahlung werden vor allem fluoreszierende und weiße Farben, Nylon oder ähnliche Kunststoffe, aber auch biologische Substanzen wie Zähne und Fingernägel gut sichtbar.

Für eine Bühne von 6 Metern Breite werden zwei Lichtkästen mit zwei Leuchtröhren von 1,20 Meter Länge, die links und rechts am Bühnenrand senkrecht aufgestellt werden, benötigt, sodass die Leuchtröhren von den Zuschauern nicht gesehen werden können. Vor den Bühnenrand legt man zusätzlich 2-3 Leuchtröhren mit entsprechender Abdeckung.

Günstig ist es, wenn man zusätzlich zwei Röhren über die Spielfläche hängt, damit auch hochgehaltene Gegenstände gut ausgeleuchtet werden.

Die Aufhängung kann je nach Art des Zeltgestänges (siehe Zeichnung) variieren. Es sollte jedoch darauf geachtet werden, dass die Konstruktion wegen des bereits relativ hohen Gewichtes der Röhrenhalterungen nicht zu schwer gerät. Deshalb wird hier zur vorderen Abdeckung der Neonröhren nur eine Blende aus etwas dickerem schwarzem Fotokarton benutzt. Diese braucht nur so lang und breit zu sein, dass die Röhren für die Zuschauer der ersten Reihe nicht sichtbar sind. Die Blende sollte (mit Draht o.ä.) so angebracht werden, dass die Ausleuchtung des Bühnenraums nach unten nicht eingeschränkt ist.

---

[5] Sie sind in jedem Lampengeschäft erhältlich. Siehe aber auch Bezugsquellennachweis S. 116f.

Die Lichtkästen im vorderen Bereich der Bühne sollten 130 cm lang und so stabil sein, dass die nicht ganz billigen Neonröhren einigermaßen gegen Stöße und Tritte geschützt sind. Sie werden deshalb aus Holz gefertigt, wobei der Einsatz von Rauspund (Nut-Feder-Bretter[6]) und eventuell etwas dickerem Sperrholz (0,3 – 0,5 cm stark) für die oberen bzw. seitlichen Abdeckungen zu empfehlen ist (s. Zeichnung). Die zwei stehenden Leuchtelemente werden aus Stabilitätsgründen auf einen 50x50 cm messenden Sockel geschraubt, der ein gewisses Gewicht haben sollte, damit er nicht umkippt.

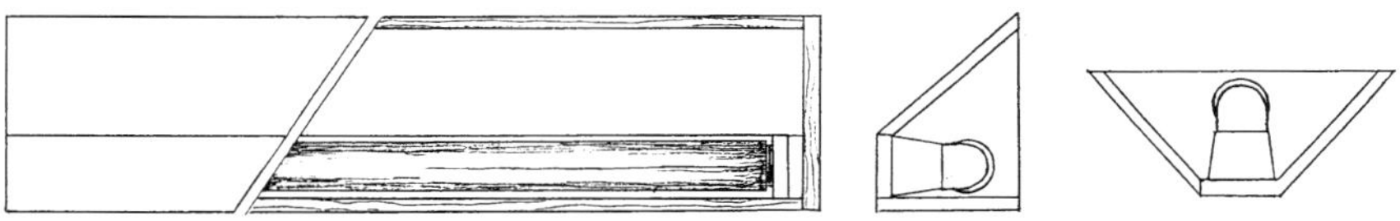

Rück- bzw. Vorderansicht und Querschnitt eines liegenden und Querschnitt eines stehenden Lichtkastens

Für die elektrische Installation werden schwarze Kabel und Stecker verwendet. Anschließend erhalten die Kästen innen und außen einen Anstrich mit schwarzer Abtönfarbe. Für einen leichteren Transport der Leuchtkästen empfiehlt sich die Anbringung eines Tragegriffs.
Wer keine Bühne zur Verfügung hat, kann zwei bis drei Leuchtröhren mit Fassung und einer Blende auf den Fußboden legen, um so die Spielfläche auszuleuchten, und auch hiermit schon sehr gute Effekte erzielen.

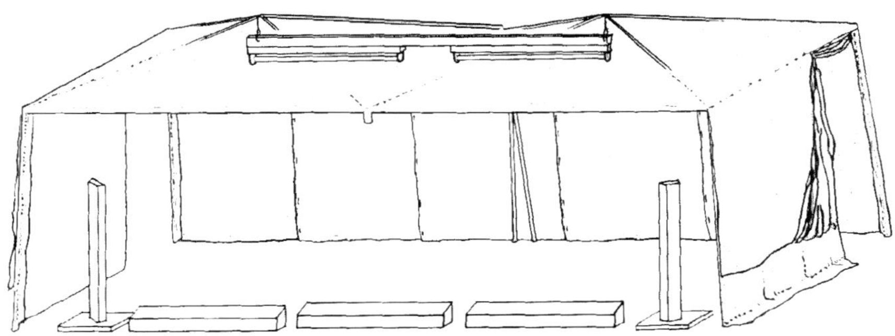

Am Bühnenrand sind insgesamt 5 UV-Leuchtstoffröhren platziert. An der Decke hängen zusätzlich zwei Röhren. Damit ist ein Bühnenraum von 6 x 3 Metern gut ausgeleuchtet

[6] In jedem Heimwerker- und Baumarkt preiswert erhältlich.

Die Spieler

Die Kleidung der Spieler sollte schwarz sein – dunkelgraue oder dunkelblaue Stoffe eignen sich nicht. Sie kann aus einer Hose (Trainingshose, dicker Strumpfhose) und einem schwarzen Hemd oder einem Pullover bestehen. Dazu gehören schwarze Handschuhe und schwarze Socken. Schuhe werden nicht benötigt, da in Socken gespielt wird. (Schuhe beschmutzen in der Regel auch zu stark den Bühnenboden, der ebenfalls aus schwarzem Material besteht.) Schwarze Kleidung zu besorgen stellt in der Regel für die SpielerInnen kein Problem dar. Schwarz ist zur Zeit noch Modefarbe, sodass in jedem Haushalt ausreichend schwarze Kleidungsstücke zur Verfügung stehen. Man sollte außerdem darauf achten, dass die Stoffe nicht leicht fusseln, da man sie sonst im Schwarzlicht erkennen kann. Auch dünne Stoffe eignen sich nicht, da sie leicht transparent sind. Es ist wichtig, dass die schwarze Kleidung die Spieler vollständig bedeckt – Hand- oder Fußgelenke, die unbedeckt sind, leuchten bläulich. Auch hellere oder weiße Applikationen oder T-Shirts, die oben aus der Kleidung hervorragen, sind sehr störend.

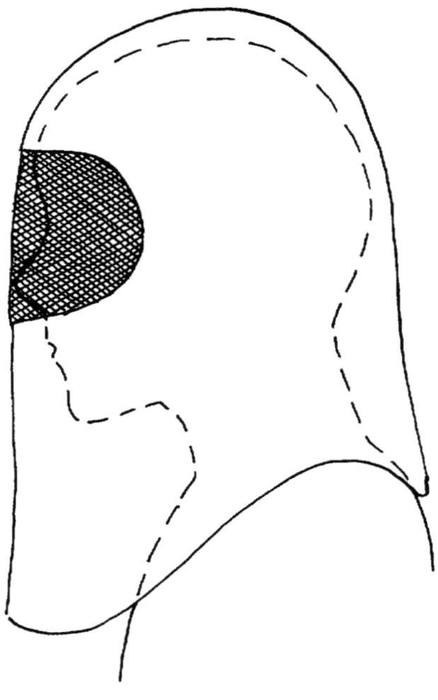

Jeder Spieler benötigt eine schwarze Kapuze, die so weit geschnitten sein sollte, dass sie bis auf die Schultern reicht.
Im Bereich der Augen und der Nase schneidet man ein Fenster aus, das man von innen mit schwarzer Gaze oder schwarzem Tüll verkleidet. Die Kapuzen sind einfach herstellbar. Sie werden in der Regel von den Müttern gefertigt. Es empfiehlt sich, eine schematische Zeichnung einer Kapuze mit Fenster nach Hause mitzugeben. So haben die Eltern genügend Anhaltspunkte, wie die Gesichtshaube aussehen kann.
Bei der Kleidung ist zu bedenken, dass viele Kinder nicht gewohnt sind, über einen längeren Zeitraum mit einer Kapuze zu agieren. Sie geraten von daher auf der Bühne leicht ins Schwitzen.

Die Requisiten

Alle Requisiten sollten auf ihre Leuchtfähigkeit hin mit UV-Licht getestet werden. Nicht alle Kunstfasern oder hellen Stoffe leuchten.
Selbst weiße Papiere oder Stoffe haben u.U. im UV-Licht keine Leuchtwirkung wegen ihrer unterschiedlichen Helligkeitswerte. Auch hier geht probieren über studieren.
Fluoreszierendes Papier leuchtet immer. Man kann es in unterschiedlicher Form bekommen. Am gängigsten sind Plakatkartons in Neonfarben. Aber dünneres Papier in der Stärke zwischen 80 und 120 Gramm ist ohne Schwierigkeiten in fluoreszierenden Farben erhältlich. Es kann sehr gut verarbeitet werden und auf normale Pappen aufgeklebt werden. Im Handel wird zusätzlich fluoreszierendes Krepppapier angeboten, das aber nicht besonders gut leuchtet.
Zum Bemalen liegen fluoreszierende Farben in der Regel in sechs Farbtönen vor: gelb, orange, rot, violett, blau, grün.[7] Sprühfarben, zumindest in fluoreszierendem Rot und Gelb, sind in allem Baumärkten erhältlich. Holz, Kunststoff und Pappe/Papier können ohne Schwierigkeiten mit diesen Farben bearbeitet werden. Wer mit Styroporteilen (Kugeln, Ringen etc.) arbeitet, sollte darauf achten, dass hier styroporverträgliche Neonfarben verwendet werden. Vor allem die preisgünstigeren fluoreszierenden Sprays haben durch bestimmte chemische Zusätze die Eigenschaft, Styropor aufzulösen.
Alles, was nicht leuchten soll, wird schwarz angemalt. Hier empfiehlt sich die Verwendung schwarzer Dispersionsfarbe. Wenn Ausbesserungen oder feinere Muster in Schwarz angebracht werden sollen, kann man dies mit einem schwarzen Edding machen.
Wer besonders kostengünstig arbeiten möchte, kann sich aus Supermärkten die Plakate mit den Sonderangeboten besorgen. Man erhält sie eigentlich immer umsonst. Sie sind in der Regel auf fluoreszierendem Papier gedruckt. Die Schrift ist dabei meistens schwarz. Werden die Pappen nun zerschnitten, stören die Schriftreste überhaupt nicht. Vielmehr produzieren sie interessante Farbstrukturen. Hinweise zur Herstellung der bei den einzelnen Spielvorschlägen benötigten Requisiten und Materialien werden in den entsprechenden Kapiteln gegeben.
Es gibt auch fluoreszierende Schminkfarben zu kaufen, mit denen man die Kinder als Personen auftreten lassen kann. Die Schminkfarben sind meist wasserlöslich und lassen sich einfach mit dem Pinsel auftragen. Beim Schminken ist darauf zu achten, möglichst großflächig das ganze Gesicht auszumalen – Flächen ohne Farbe

[7] s. Bezugsquellennachweis S. 116f.

sind nachher im Schwarzlicht unsichtbar. Am wirkungsvollsten ist es, die wichtigsten Gesichtszüge farblich abzusetzen und zu übertreiben.
Alle Requisiten sind problemlos in der Schulklasse herstellbar. Auch Kinder, die sonst im Bereich der Fächer Kunst und Werken nicht gerade ihre Stärken haben, produzieren auf jeden Fall interessante Farbkombinationen, da durch die Neonfarben immer beeindruckende Leuchteffekte erzielt werden. Hierzu ist besonders akkurates Arbeiten nicht nötig. Selbst wenn die Requisiten etwas gröber in ihrer Ausfertigung sind, sehen sie im Schwarzlicht sehr faszinierend aus.
Für jede Aufführung werden zusätzlich mehrere schwarze Tücher benötigt, damit man Gegenstände verschwinden oder auftauchen lassen kann.

HEREIN-
SPAZIERT!
DER CIRCUS
DER 6a
PRÄSENTIERT:
TANZENDE LÖWEN!
DIE DAME OHNE UNTERLEIB, ABER DAFÜR MIT VIELEN ARMEN!
MENSCHEN OHNE KNOCHEN!
DAS BALLETT DER IRRLICHTER!
WIRBELNDE SCHWERTER!
JONGLIERENDE RAUPEN!
WIR HOLEN DIE STERNE VOM HIMMEL-
TRETEN SIE NUR NÄHER!

Das Programm

Das Programm orientiert sich in erster Linie an dem Alter der Spielerinnen und Spieler und ihren Möglichkeiten. So wird man bei sehr jungen Kindern einfache Spielideen realisieren, während Ältere oft auch schon technisch schwierigere Nummern in Angriff nehmen können.
In der Regel werden einzelne Nummern aneinandergehängt. Dies hat den Vorteil, dass unterschiedliche Fähigkeiten der Kinder/Jugendlichen einer Klasse in besonderer Weise berücksichtigt werden können. Es ist selten, dass ein komplettes kleines Theaterstück im UV-Licht präsentiert wird – schon allein deshalb, weil im Schwarzen Theater eigentlich alle Requisiten und Utensilien von den Kindern selbst gefertigt werden. Bei den Kulissen gibt es dann oft doch Schwierigkeiten, und ein längerer Handlungsablauf wirkt im UV-Licht ermüdend. Kleine Sketche sind aber durchaus möglich.
Insgesamt sollte das Programm nicht länger als eine Stunde dauern, da das UV-Licht die Augen doch ziemlich anstrengt, selbst wenn man während der kurzen Pausen zwischen den einzelnen Nummern immer wieder das Saallicht anmacht.
Vom Aufbau des Programmes her können für die Schulklasse unterschiedliche Arten von Nummern präsentiert werden:

1. Nummern, bei denen die gesamte Klasse mitmacht. Jedes Programm sollte mindestens zwei Nummern (Anfang und Schluss) enthalten, bei denen alle Kinder beteiligt sind. Diese Nummern sehen immer sehr gut aus und sind bei den Zuschauern besonders beliebt. Es sind oft Programmpunkte, bei denen man auf die Farbeffekte viel Wert legt. Sie sind aufgrund der großen Zahl der SpielerInnen choreographisch einfach gestaltet.
2. Nummern, bei denen eine Gruppe von Kindern mit einer besonderen Technik oder besonderen Materialien arbeitet: mit Tüchern, Stöcken, Bändern etc. Hier können die Kinder selbst auswählen, ob sie mitspielen wollen oder nicht. Dabei sprechen die Programmpunkte unterschiedliche Fähigkeiten der Kinder an und werden unter diesem Gesichtspunkt besetzt. So erfordert das Drehen von Stöcken, Kugeln und Rädern viel Kraft und Geschicklichkeit, während bei einer Vorführung mit bunten Tüchern, die im Rhythmus geschwungen werden, eher die Musikalität im Vordergrund steht. An solchen Programmpunkten sind in der Regel 5-10 Kinder beteiligt.
3. Schließlich kann es in einem Programm auch kleine Sketche oder Parodien geben, die an Sprache gebunden sind oder bei denen Puppen, Raupen und ähnliches agieren. Hier führen meistens nur 2-4 Kinder vor.

Schön ist es, wenn die Klasse zusätzlich ein Programm und auch Eintrittskarten für die Aufführung entwirft. Hierbei kann man einen losen thematischen Zusammenhang vorgeben, in dem man das Theater beispielsweise als „Zirkus“ deklariert. Andere Möglichkeiten wären etwa „Zoo“, „Aquarium“, „Karneval“ etc.

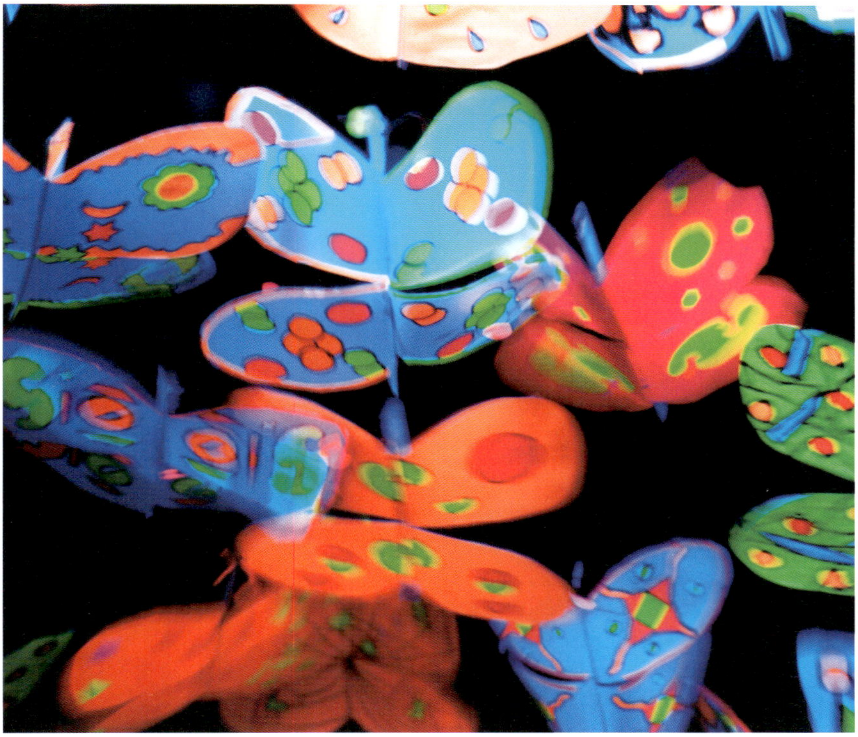

Schmetterlinge flattern über die Bühne

Die Musik

Musik ist ein wichtiger Bestandteil der Aufführung. Die Musik sollte einerseits auf die einzelnen Programmnummern abgestimmt sein, andererseits aber auch zumindest teilweise dem Geschmack des Publikums Rechnung tragen.
Im schulischen Bereich hat es sich immer bewährt, eher rhythmische Titel aus der Popmusik, aber auch Oldies oder verpoppte Klassik auszuwählen. Rhythmische Stücke erleichtern den Kindern die Aufführung. Manchmal kann die Musik auch kleine Patzer ausgleichen.
Grundsätzlich sollte man eher bekannte Instrumentalmusik wählen. Im Einzelfall kann natürlich auch gesungen werden oder sogar auf die Klassik zurückgegriffen werden.
Bei den einzelnen Spielvorschlägen in diesem Buch wird teilweise zusätzlich ein Musikvorschlag gemacht, der aber keineswegs verbindlich ist. Manche KollegInnen tun sich schwer mit der Musikauswahl und sind von daher über einen Vorschlag froh, selbst wenn sie dann ein anderen Musikstück wählen.
Verbindliche Richtlinien sind von daher nicht möglich. Im folgenden sollen jedoch einige Musikstücke, die sich immer gut eignen, genannt werden. Tagesaktuelle Hits können dabei nur bedingt berücksichtigt werden.

Beispiele für geeignete Stücke aus der Klassik:
Teile des Boleros von Ravel,
Barcarole aus „Hofmanns Erzählungen“ (Offenbach) (instrumental),
Can Can aus „Orpheus in der Unterwelt“ (Offenbach),
Teile der „Peer-Gynt-Suite“ (Grieg),
Teile der „Nussknacker-Suite“ (Tschaikowsky),
Teile aus dem „Karneval der Tiere“ (Debussy),
Eingängiges von „Rondo Veneziano“,
Stücke aus der Serie:
„Hooked on the Classics“,
„Can't Stop the Classics“
„Journey through the Classics“,
„The Best of Hooked on the Classics“ etc.

Oldies, Schlager und Tagehits:
Speedy Gonzales (als Parodie),
Titel von Abba,
Dave Dee,
Ottavan,
Dschingis Khan,
Hits von Boney M.,
„Lemon Tree“,
„Orinoco Flow“ etc.

Instrumentalhits:
Mike Oldfield,
Jean-Michel Jarre,
Billy Vaughn,
Herb Alpert,
Perrez Prado etc.

Spielideen mit Händen und Füßen

Hände

6-8 Spieler

Materialien
weiße Handschuhe und weiße Socken (nicht alles was weiß ist, reflektiert das UV-Licht – erst ausprobieren).

Spielanleitung
Die Spieler tragen weiße Handschuhe. Im UV-Licht leuchten dann die Hände so, als würden sie im Bühnenraum schweben. Sie werden im Licht lebendig.
Mehrere Spieler stellen sich nebeneinander in einer Reihe auf der Bühne auf. Die Hände werden hinter dem Rücken oder hinter einer schwarzen Abdeckung verborgen.
Sie können im Takt der Musik nacheinander sichtbar gemacht werden. Sie werden:
- gespreizt,
- geschüttelt,
- nach rechts oder links bewegt,
- auf und zu gemacht,
- auf unterschiedlichen Höhen bewegt,
- zu Kreisen geformt etc.

Die Spieler können sich aber auch gegenüberstehen und die Hände aus der Seitenposition heraus
- gegeneinander halten,
- aufeinander aufbauen,
- eine Reihe bilden,
- nacheinander erscheinen oder verschwinden lassen.

Hände versetzt ...

... ineinander ...

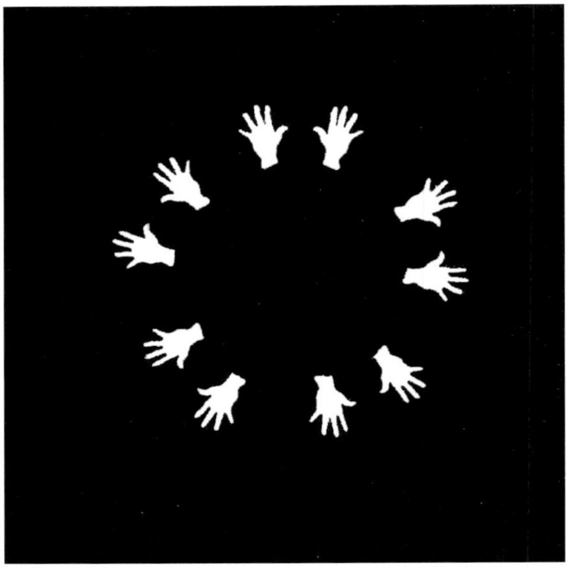

... im Kreis anordnen

Auf diese Art und Weise kann man eine kleine Choreographie entwickeln.

Pädagogische Hinweise

Man sollte den Spielern genügend Gelegenheit geben, sich selbst Handspiele auszudenken und ihnen – außer einigen wenigen Anregungen – nicht so viel vorgeben.

Günstig ist es, wenn eine Hälfte der Klasse im UV-Licht experimentiert und die anderen beobachten und die Formationen kritisch beurteilen. Nur mit den Händen zu arbeiten ist nicht einfach. Rhythmusgefühl wird bei den Kindern vorausgesetzt. Sie müssen sich zusätzlich den Ablauf der Choreographie einprägen.

Jüngere können hier nur sehr einfache Nummern gestalten, Jugendliche dagegen arbeiten oft sehr gern in diesen Nummern und sind auch bereit, sich kompliziertere Choreographien auszudenken.

Musikvorschlag

„Hands up“ von Ottavan

Ähnlich gestaltet man Auftritte mit Füßen und Beinen.

Bei der Probe

Bei der Aufführung

Füße

6-8 Spieler

Materialien
weiße Kniestrümpfe (besser als Socken) – aber auch hier gilt: nicht jedes Weiß leuchtet.

Spielanleitung
Füße können
- gehen,
- marschieren,
- über eine Bank laufen,
- hüpfen,
- sich gespreizt nach vorn bewegen
- nach vorn gestreckt werden (Spieler sitzen auf einer Bank)
- abwechselnd hoch und nieder gehalten werden.

Variante
Für die Zuschauer sind auf der Bühne ausschließlich die Beine sichtbar. Natürlich weiß jeder, dass sie zu menschlichen Körpern gehören. Von daher kann man auch einen Kniestrumpf über eine Pappschablone in Beinform ziehen, sodass dieses Bein immer ein wenig mehr – zum Erstaunen der Zuschauer – aus der Reihe tanzt und jeder sich wundert, wie dies möglich ist.

Pädagogische Hinweise
Arbeiten mit den Beinen setzt viel Geschicklichkeit voraus. Von der Choreographie her eignen sich diese Nummern – wie auch bei den Händen – eher für Ältere.

Musikvorschlag
„Mief“ von Die Doofen

Die gelenkigen Turner*

4 Spieler

Materialien
weiße Handschuhe, weiße Socken/Kniestrümpfe (über eine Schablone aus Pappe gezogen und mit Griff versehen).

Spielanleitung
Die Hälfte der Spieler trägt weiße Handschuhe, die anderen führen die Füße an schwarzen Stöcken. Jeweils zwei Spieler (Hände und Füße) agieren zusammen.
Sie führen zunächst Übungen vor, die in den Augen der Zuschauer den Eindruck erwecken, dass hier geturnt wird: Handstand mit geschlossenen und gespreizten Beinen, Kopfstand, Grätsche etc.
Dann aber werden die Übungen, zum Vergnügen der Zuschauer, immer akrobatischer. Hände und Füße bilden Positionen, die eine Person niemals ausführen könnte.

Ein Turner gehört zu jedem zünftigen Programm ...

... und dieser hier ist ein ganz besonders gelenkiger!

* Nach einer Idee von Reinhardt, F. & Reinhardt, U.: Schwarzes Theater, aaO. S.17f.

Spielideen mit Stäben

Stäbe wirken im Licht auf der Bühne wie Linien und als solche plötzlich auftauchen und wieder verschwinden, aber auch unterschiedlichste geometrische und andere Figuren bilden.

Stäbe

4-6 Spieler

Material
Holzstäbe (splitterfrei) in unterschiedlichen Farben – neongelb, neonrot und weiß (testen).

Hinweise zur Herstellung
Am besten eignen sich Besenstiele aus Holz. Sie sollten ca. 1 Meter lang sein. 15 cm des Stockendes werden als unsichtbarer Griff schwarz gestrichen.
Die Stockenden sollten wegen der Verletzungsgefahr gerundet werden. Es empfiehlt sich, die Stöcke mit entsprechenden farbigen Neonpapieren zu umkleben, wobei für Weiß ein reinweißes Papier (z.B. PC-Druckerpapier) verwendet werden sollte. Dadurch entsteht unter UV-Licht ein bläulich-weißer Farbeffekt. Um die aufgeklebten Papiere vor dem Zerreißen zu schützen, kann man sie mit transparentem Tesafilm überkleben.
Eine andere Möglichkeit ist das Grundieren der Stöcke mit weißer Farbe (Acryl matt oder seidenmatt) und anschließendem Anstrich mit Neonfarben.

Spielanleitung
Werden Stäbe schnell gedreht und geschwungen, entstehen farbige Spiralen, die optisch sehr gut aussehen und Farbeffekte produzieren, die in der Regel mit viel Beifall bedacht werden.

Formationen mit den Stöcken werden geübt.

Auch hier sollte eine kleine Choreographie entwickelt werden:
Die Stäbe können

- am Ende gefasst und im Kreis geschwungen (Abstand halten),
- in der Mitte gefasst und schnell bewegt werden;
- zwei Kinder können sich gegenüberstehen und die Stäbe in großen Kreisen nach vorne drehen, so dass sie nicht gegeneinanderstoßen. (Dieser Effekt ist eine der Hauptattraktionen der Nummer).

All dies kann beim Gehen oder auch von festen Positionen aus erfolgen.

Pädagogische Hinweise

Besteht die Nummer in der Hauptsache aus Formationen von Linien und geometrische Figuren, können alle Kinder mitspielen.
Werden die Stäbe gedreht und geschwungen, so setzt dies eine hohe Handgeschicklichkeit voraus. Manche Kinder haben eine so hohe Beweglichkeit im Handgelenk, dass sie dies extrem gut können. Nur sie sind für diese Nummer geeignet.
Dabei ist darauf zu achten, dass die Bühne hoch genug ist, damit nicht eine Lampe heruntergeschlagen wird. Außerdem rutschen die Stöcke gelegentlich aus der Hand.

Musikvorschlag

„Dschingis Khan“ von Dschingis Khan

Beim Üben ...

... Werden die Stöcke geschwungen, entstehen faszinierende Farbeffekte.

Spielideen mit Styropor

Styroporelemente – Kugeln, Halbkugeln, Ringe und ausgesägte Teile – bieten sich für das Schwarze Theater in besonderer Weise an, da sie sehr leicht und für Konstruktionen jeglicher Art gut zu verarbeiten sind.

Kugeln

6-8 Spieler

Material
runde Styroporkugeln im Durchmesser von ca. 12-15 cm, Stäbe von 80 cm Länge und ca. 0,6 cm Durchmesser

Hinweise zur Herstellung
Styroporkugeln sind in vielen Gartencentern, aber auch in Geschäften für Bastlerbedarf erhältlich. Bis zu einem Durchmesser von ca. 10-12 cm sind diese Kugeln massiv aus Schaumstoff. Größere Kugeln sind aus zwei Hohlhälften zusammengefügt.
Für die Befestigung der Stäbe ist es günstig, die Kugeln in ihre Hälften zu zerlegen, die untere Schalenhälfte im Scheitelpunkt in Stabstärke zu durchbohren und in die obere Hälfte innen ebenfalls in gleicher Position eine gelochte Halterung (aus Holz oder Styropor) für die Aufnahme des Stabes einzukleben, ihn fest zu verankern. Geklebt wird mit Ponal Express.

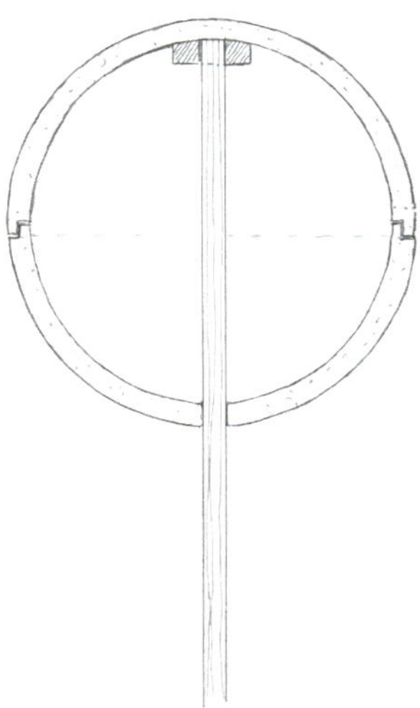

Styroporkugel mit Stab. Die Styroporkugel besteht aus zwei Hälften, die nach Montage des Stabes wieder miteinander verklebt werden.

Zehn Kugeln bilden einen Kreis.

Vor dem Bemalen oder Besprühen der Kugel ist zu prüfen, ob die Farbe das Styropor anlöst oder zerfrisst. Sollte dies der Fall sein, müssen die Kugeln vorher mit einem Schutzanstrich versehen werden (Vollton-Dispersionsfarbe, weiß, in Plastikflaschen in jedem Baumarkt erhältlich).

Spielanleitung

Mit den Kugeln können unterschiedliche Formationen gebildet werden:

- eine Reihe
- eine auseinandergezogene Reihe
- Kreise
- Dreiecke etc.

Besondere Effekte werden erzielt, wenn Kugeln unterschiedlicher Größe verwendet werden.

Auch hier kann, ähnlich wie bei den Stäben, aus der Praxis heraus festgestellt werden, dass schnelles Drehen und Bewegen der Kugeln interessante Farbeffekte hervorruft. Es macht auf die Zuschauer mehr Eindruck als die eher statischen Kombinationen.

Can-Can mit Kugeln

6-8 Spieler

Material
je zwei farbige Styroporkugeln mit Stäben pro Spieler

Spielanleitung
Die Kinder stehen in einer Reihe.
Jedes hat einen Stab mit einer Kugel in jeder Hand. Die Kinder erhalten die Zahlen 1-6 (1-8) und stehen in der richtigen Reihenfolge nebeneinander.
Nach der Musik werden Kugeln im Takt der schnellen Musik des Can Can

- auf und ab (von den Knien bis zum Kopf),
- auf und ab in einer Spanne von höchstens 50 cm bewegt.
- Die geraden Nummern kreuzen die Stäbe über den Köpfen, die ungeraden kreuzen sie über dem Boden,
- Wechsel: die geraden Nummern kreuzen die Stäbe über dem Boden und die ungeraden über den Köpfen,
- beide Kugeln jedes Spielers werden kreisförmig zusammen,
- einzeln gedreht.
- Die Spieler mit den ungeraden Nummern treten zwei Schritte vor und bewegen die Kugeln auf und ab vom Kopf bis zum Boden.
- Alle bewegen die Kugeln wieder von einer Linie aus auf und ab in einer Spanne von höchstens 50 cm,
- jetzt treten die Spieler mit den geraden Nummern vor und bewegen die Kugeln auf und ab vom Kopf bis zum Boden,
- alle bewegen die Kugeln wieder auf einer Linie, jedoch wieder in einer Spanne von höchstens 50 cm.
- Die Spieler stellen sich in einer Linie seitlich und bewegen die Kugeln über den Köpfen hin und her und gehen so ab.

Pädagogische Hinweise
Achtung – diese Nummer ist anstrengender als sie aussieht. Muskelkater in Händen und Oberarmen ist zu erwarten.

Musikvorschlag
Can Can (J. Offenbach)

Beim Üben

Werden die Kugeln geschwungen, entstehen Farbmuster.

Die Raupen

2-4 Spieler

Material
bemalte halbierte Styroporkugeln

Hinweise zur Herstellung
Hier wird mit massiven Styroporkugeln oder -eiern gearbeitet. Kugeln mit unterschiedlichem Durchmesser kommen zum Einsatz, um der Raupe eine interessante Körperform zu geben. Zu diesem Zweck halbiert man die Kugeln. Dies geschieht mit einer sehr feinzahnigen Säge (Metallsägeblatt) oder besser mit einem elektrischen Styroporschneider, der mit einem heißen Draht das Material in jede gewünschte Form schneidet.
Die Halbkugeln werden mit einem erhitzten Draht mittig durchlöchert und auf einen Faden aufgezogen. Für beste Beweglichkeit sorgen Holzperlen von mindestens 1 cm Durchmesser, die zwischen jedes Halbkugelelement eingefügt werden. Kopf oder Körperende werden aus unterschiedlichen Kugelteilen geschnitten und zusammengeklebt (siehe S. 45). Hier sind der Phantasie keine Grenzen gesetzt.
Gespielt wird die Raupe mit an Stöcken befestigten schwarzen Fäden (Sternzwirn), deren Länge sich u.a. nach der Größe der Spieler richtet. Die Anzahl der Fäden hängt ab von der Länge und dem Gewicht des Tieres. Die Fäden können am „Rückgrat"-Faden oder aber wegen der besseren Beweglichkeit an Drahtösen festgemacht werden, die in einzelne Körpersegmente eingeklebt worden sind.
Die Befestigungspositionen der Fäden am Tier müssen durch Ausprobieren herausgefunden werden.
Die Anzahl der Spieler richtet sich nach der Länge der Schlange. Jeder Spieler kann nur 2 Stäbe handhaben.

Spielanleitung
Eine rote Linie wird wie von Geisterhand quer über die Bühne gezogen (fluoreszierendes rotes Gummiband, das von zwei Spielern gehalten wird).
Von der eine Seite erscheint die Raupe. Sie kriecht langsam über die Schnur. Von der anderen Seite erscheint ebenfalls eine Raupe. Beide Raupen treffen sich in der Mitte des Seils.

Zwei Raupen auf dem Seil

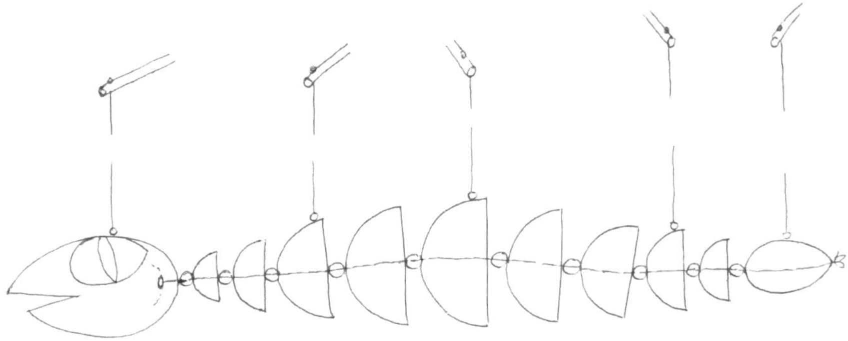

Die Raupe besteht aus Halbkugel-Styroporelementen. Sie wird mit Stöcken bewegt, an denen schwarze Fäden befestigt sind.

Bei der Aufführung wird die Raupe von mehreren gespielt.

Aus dem Nichts schwebt ein Ball in den Bühnenraum. Die Raupen spielen sich den Ball zu. Es tauchen immer mehr Bälle auf, die von den Raupen gar nicht mehr aufgenommen werden können etc. ...

Pädagogische Hinweise

Natürlich sind auch Programmnummern mit Styroporreifen, Würfeln etc. möglich.

Mit Hilfe eines Styroporschneiders können aus 0,5-1 cm starken Styroporplatten sogar Figuren ausgeschnitten werden. Sie sind leicht und stabil und lassen sich gut bearbeiten. Auch wenn sie beklebt sind, verziehen sie sich nicht.

Die Fische

Für die gesamte Klasse – alle machen mit

Material
für jedes Kind ein Fisch aus Styropor

Hinweise zur Herstellung
Für jedes Kind wird die Form eines Fisches aus einer Styroporplatte herausgeschnitten. Die Fische können bemalt oder aber mit fluoreszierendem Papier (Schuppen) beklebt werden. Sie können beidseitig bemalt oder beklebt sein, sodass beim Drehen ein anderer Fisch zum Vorschein kommt.
Die Form sollte einen 2cm breiten Rand haben, den man einfach schwarz anstreicht, um den Fisch während der Aufführung gut fassen zu können.

Spielanleitung
Die Fische können hintereinander in unterschiedlicher Höhe auf die Bühne schwimmen. Sie schwimmen über die gesamte Bühne, drehen schnell, wobei sie ihr Aussehen ändern und schwimmen zurück.
Man kann Fischschwärme bilden, auch einmal einen Fisch rückwärts schwimmen lassen oder aber kleinere Fische von einem großen fressen lassen. Schwertfische können zum Beispiel Kugelfische zum Platzen bringen etc.

Pädagogische Hinweise
Die Nummer ist einfach zu gestalten. Wichtig ist, dass jedes Kind seinen Fisch selbst bemalt oder beklebt, da die Nummer von der Vielfalt ihrer Darsteller lebt.
Bei Jüngeren sollt man nach Musik viele Fische in einfachen Formationen über die Bühne schwimmen lassen. Sind schließlich 25-30 Fische auf der Bühne und verändern sie zusätzlich Farbe und Form, führt dies zu wunderschönen Farbeffekten.
Ältere können versuchen, eine regelrechte Unterwasserwelt zu gestalten und auch andere Unterwassertiere, Pflanzen und Luftblasen berücksichtigen. Es kann auch etwas in das Wasser hineinfallen oder durch Angeln aus dem Wasser gezogen werden. Der Phantasie sind hier keine Grenzen gesetzt.

Zwei Fische begegnen sich.

Spielideen mit Bändern

Bänder können im UV-Licht interessante Kombinationen entstehen lassen. Sie bilden unterschiedliche Linien und Formen.

Das laufende Band

Mindestens 10 Spieler

Material:
weiße Bänder (möglichst Satin, damit sie das UV-Licht reflektieren)

Hinweise zur Herstellung
Für jeden Mitspieler wird ein ca. 3 Meter langes, ca. 8 cm breites Band mit beiden Enden zusammengenäht, sodass es eine Schlaufe bildet. Alle Bänder sind gleich lang.

Spielanleitung
Es gibt zwei Grundpositionen:

1. Die Füße werden in die Endschlaufen gestellt, die Mitte des Bandes über die Hände gelegt. Straff gehalten, entspricht die Form einem A ohne Querstrich (/\). Jetzt kann der Spieler in kleinen Schritten seitwärts gehen.
2. Die Endschlaufen werden über die Hände gelegt, der rechte Fuß in die Mitte des Bandes gestellt. Wenn die Spieler jetzt mit beiden Händen das Band straffziehen und die Arme leicht spreizen, sieht die Figur von vorne wie ein V aus.

Die anfänglichen Mühen lohnen sich.

Beim Seitwärtsgehen sollten die Hände im Schrittrhythmus geöffnet und geschlossen werden.
Weitere Positionen und Formen kann man durch eigenes Experimentieren herausfinden.
Wenn sich die Spieler alle in einer Reihe aufstellen und die Bänder entweder als V oder /\ straff halten, ergibt sich eine Zickzacklinie. In dieser Formation kann die Reihe in eine Richtung laufen. Wenn ein Spieler das Ende der Bühne erreicht hat, muss er mit seinem Band hinter der Bühne auf die andere Seite laufen und sich wieder hinten an die Reihe anschließen – am besten in einer neuen Formation.
Vorausgesetzt, alle Spieler bewegen sich im Takt und keiner verliert den Anschluss, sieht die Nummer so aus, als bewege sich ein endloses Zickzackband über die Bühne.

Variante
Eine „gewöhnliche“ Kür mit Gymnastikbändern sieht, wenn die Bänder weiß sind, sehr ungewöhnlich aus, erfordert aber nicht die gleiche Körperbeherrschung wie eine Kür ohne UV-Licht.

Pädagogische Hinweise
Der Spielvorschlag setzt etwas Musikalität voraus. Die Bänder verheddern sich leicht. Die Kinder sollten darauf achten, dass sie die Bänder glatt über die Hände ziehen und sie an keiner Stelle verdreht sind. Eventuell sollten die Bänder vor der Aufführung noch einmal gebügelt werden.
Die Übung eignet sich nicht für Jüngere und auch nicht für ungeschicktere Kinder.
Die anfänglichen Mühen lohnen sich – die Nummer ist sehr effektvoll, und die allermeisten Kinder lernen schnell, mit den Bändern zu laufen und hinter der Bühne die Formationen zu ändern.
Ein Vorteil bei großen Spielgruppen: Selbst wenn ein Kind den Anschluss an die Reihe verpasst, können die anderen die Lücke schließen.

Musikvorschlag
„Arrival“ von Mike Oldfield

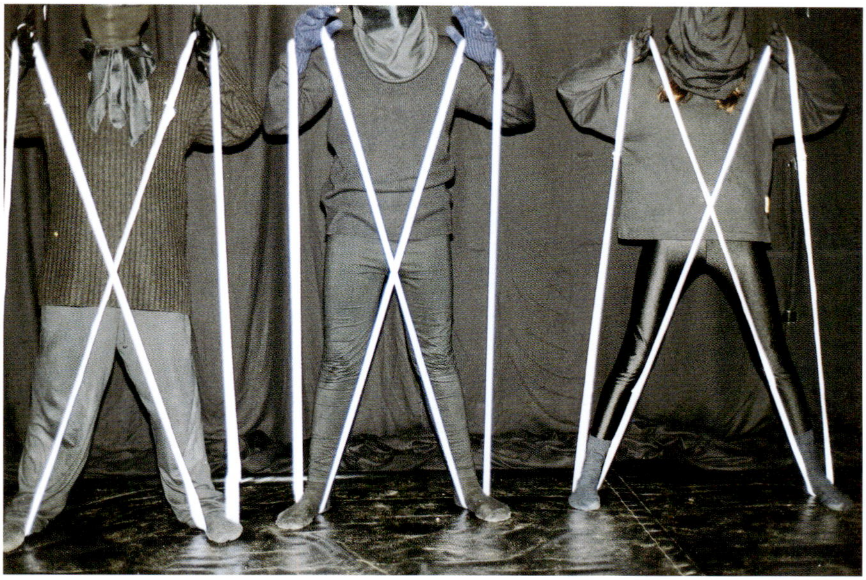

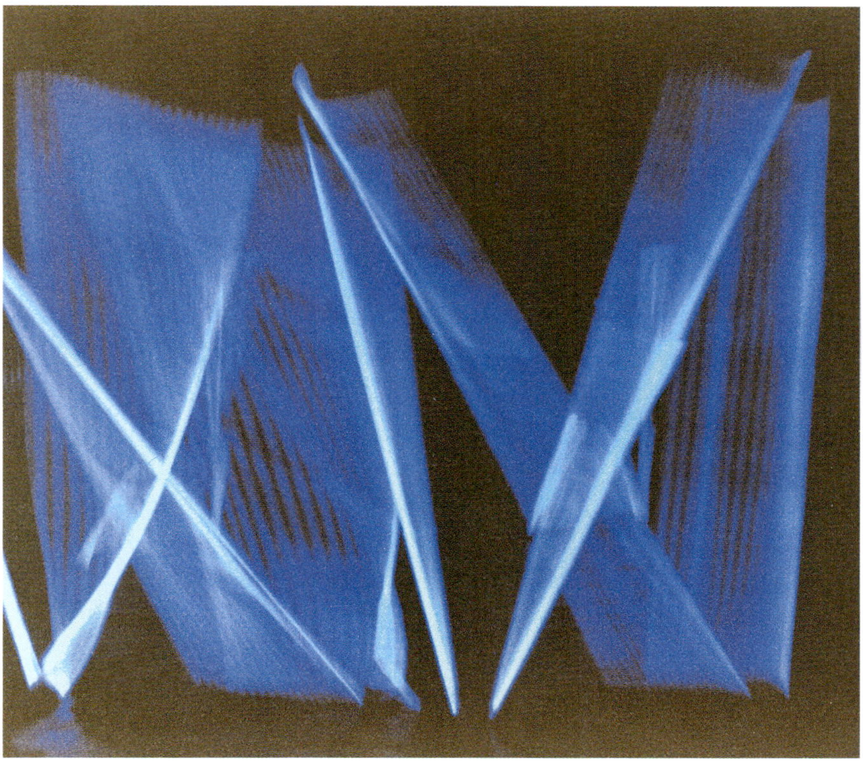

Besonders schwer: im Takt der Musik seitwärts gehen ...

Spielideen mit Tüchern

Mit Tüchern zu arbeiten, ist einfach, und dennoch gehören im Schwarzen Theater gerade diese Nummern zu den schönsten. Sie erfordern vergleichsweise wenig Körperbeherrschung und sind auch mit Jüngeren leicht einzuüben.

Schwebende Tücher

5-7 Spieler

Materialien
Pro Spieler zwei Tücher in Neonfarben, evtl. Knieschoner

Spielanleitung
Die Spieler halten die Tücher auf dem Rücken. Sie verteilen sich in zwei Reihen auf der Bühne: Vorne drei, hinten zwei bzw. vier Kinder. Die vordere Reihe sollte knien. Alle Kinder machen die gleichen Bewegungen in festgelegter Reihenfolge.
Die Tücher können

- versetzt auf- und abbewegt werden,

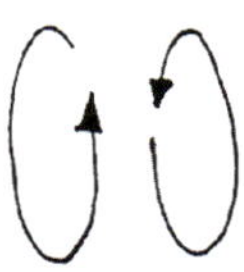

- „Kraulen“ – als Variation können sich die Spieler auch seitwärts zum Publikum drehen,

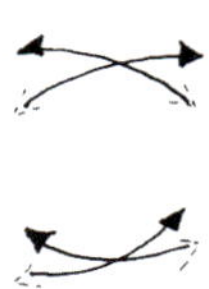

- über dem Kopf (bzw. über dem Boden) zusammen- und wieder auseinandergeschwungen werden,

Tücher in Neonfarben im UV-Licht

- als Übergang zusammengenommen und vor dem Körper hin- und herbewegt werden,

- wie „Achten“ geschwungen werden.

Pädagogische Hinweise

Es gibt eine Unzahl von effektvollen Bewegungen. Man sollte die Kinder im UV-Licht experimentieren lassen und dann auswählen. Am Besten gibt ein Kind, das ein gutes Gefühl für Rhythmus hat, den anderen Anweisungen, damit alle zur gleichen Zeit die Bewegungen ausführen und wechseln.

Musikvorschlag

„Take a Chance on Me“ von Abba (oder ein anderer schneller Titel)

Die Tücher werden geschwungen und erzielen im UV-Licht faszinierende Farbeffekte.

Spielideen mit Puppen

Werden Puppen im Schwarzen Theater eingesetzt, gibt es zwei Möglichkeiten:

- Einmal die Arbeit mit lebensgroßen Puppen und
- zum anderen die Arbeit mit Puppen jeglicher Art – Stockpuppen, Marionetten, Raupen, Würmer etc.

Im professionellen Puppentheater wird das UV-Licht gern in Kombination mit natürlichem Licht verwendet. Das UV-Licht macht auch hier eine ganze Reihe von Effekten in der Kulisse und im Spielablauf – unterstützt von zwei zusätzlichen unsichtbaren schwarzen Händen – überhaupt erst möglich. Alle Tricks aus dem Schwarzen Kabinett können hier zur Anwendung kommen. Selbst kompliziertere Effekte lassen sich verwirklichen: So kann eine Kulisse mit herkömmlicher Farbe hergestellt sein und dann mit durchsichtigen fluoreszierenden Farben übermalt sein, die in normalem Licht unsichtbar sind. Wenn dann auf UV-Licht umgestellt wird, beginnt die fluoreszierende Farbe zu leuchten. Bei normalem Lichte treten wieder ganz andere Farben in den Vordergrund.
Bei der Realisation in der Schulklasse ist zu bedenken, dass es sich bei Schülerinnen und Schülern keinesfalls um professionelle Puppenspieler handelt, sodass den Aufführungen Grenzen gesetzt sind. Die im Folgenden gemachten Vorschläge versuchen dem Rechnung zu tragen.
Es können auch Marionetten gebaut und mit leuchtenden Stoffen ausgestattet werden. Sie können ein kleines Spiel aufführen, singen, tanzen etc. Setzt man sie auf einer Bühne ein, läßt man sie am günstigsten auf einer Bank oder einem Tisch, der mit schwarzem Tuch abgedeckt ist, agieren. Im Handel gibt es Stofftiere in Neonfarben, die mit einem einfachen Fadenkreuz bedient werden. Auch sie sind selbstverständlich verwendbar.
Man sollte nicht zu schwierige Marionetten verwenden, da sonst allein schon das Puppenspiel viel Vorbereitung benötigt. Ganz einfach gestaltete Marionetten erzielen im Schwarzen Theater oft schon gute Effekte.

Die Marionette wird über ein einfaches Kreuz mit vier Fäden gespielt.

Blumen wachsen

Material
Blumentöpfe, Schnur, Papier oder Stoff in Leuchtfarben

beliebig viele Mitspieler

Spielanleitung

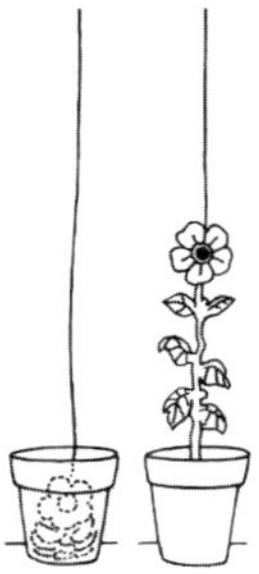

Auf der Bühne stehen mehrere Blumentöpfe in einer Reihe oder im Halbkreis. In jedem Blumentopf befindet sich eine Pflanze aus Stoff oder Papier in fluoreszierenden Farben. An der Pflanze ist eine schwarze Schnur befestigt. Hinter den Blumentöpfen stehen die Spieler, die nun die Blumen langsam wachsen und erblühen lassen, indem sie die Pflanzen an der Schnur langsam nach Musik hochziehen. Je mehr Blumentöpfe auf der Bühne, desto besser.

Schlangenbeschwörung

Material
Stoffhüllen, die mit Stoffresten gefüllt werden, Neonfarben, Schnur, Schüsseln oder Töpfe

beliebig viele Mitspieler

Spielanleitung
Auf der Bühne stehen die Gefäße. Nach Musik werden auch hier wieder die Schlangen langsam hoch gezogen.

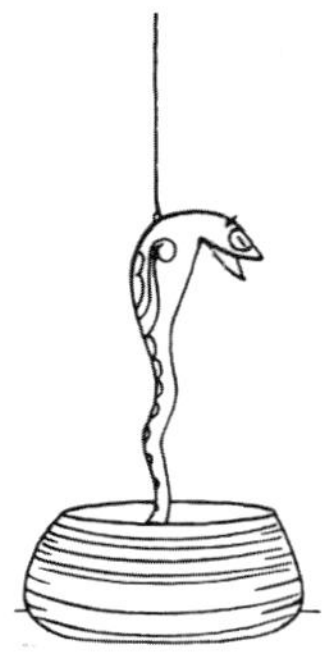

Der Auftritt von Puppen hat den Vorteil, Abwechslung in das Programm zu bringen. Die hier gemachten Spielvorschläge sind bewusst einfach gestaltet. Sie lassen sich problemlos im Schwarzen Theater realisieren.

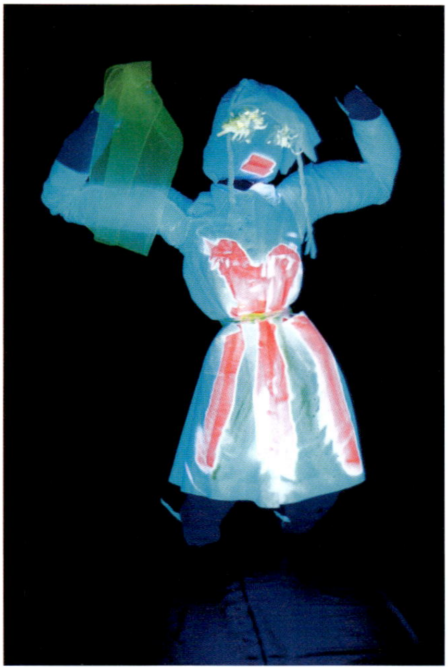

Die Puppe ist mit Gummibändern am Spieler befestigt. Er hält die beiden Arme und kann diese bewegen. Durch die Befestigung kann man die Puppe mit dem eigenen Körper bewegen.

„Heidi“ – lebensgroße Puppen

2 Spieler

Material
alte Kleider, Füllmaterial, Gummibänder

Hinweise zur Herstellung
Die alten Kleider – Hosen, Hemden, Blusen, Jacken – werden zu einer lebensgroßen Puppe zusammengenäht und mit Füllmaterial ausgestopft. Als Füllmaterial empfehlen sich z.B. klein zerschnippelter Schaumstoff oder Styroporgranulat, aber auch locker geknülltes Zeitungspapier. Wenn die alten Kleider nicht schon weiß oder fluoreszierend sind, müssen sie besprüht oder bemalt werden (in UV-Licht ausprobieren). An den Füßen, den Armen und am Brustkorb werden Gummibänder angebracht, in die der jeweilige Spieler hineinschlüpft. Er kann so die Puppe bewegen, weil sie an seinen Füßen, Armen und an seinem Körper befestigt ist. Da er selbst schwarz gekleidet ist, kann er nicht gesehen werden.
Diese lebensgroßen Puppen lassen sich sehr leicht herstellen. Sie sehen ein wenig unförmig aus und können entsprechend angezogen werden. Sie sind aber einfach von den Spielern zu bedienen.

Spielanleitung
Parodie „Heidi“
Es handelt sich dabei um eine Parodie auf den Schlager „Heidi“, gesungen von Gitti und Erika. Von daher werden zwei lebensgroße Puppen benötigt, die ein fesches Dirndl tragen.
Der Schlager „Heidi“ wird aufgelegt.
Von jeder Bühnenseite sieht man den Arm einer lebensgroßen Puppe winken. Dann tanzen beide mit großen Schritten auf die Bühne und bewegen sich parodistisch nach der Musik: Sie tanzen nebeneinander, miteinander, fassen sich an und drehen sich im Kreis, sie klatschen sich gegenseitig auf die Hände, stoßen schon einmal gegeneinander etc.
Dies wirkt durch die Unförmigkeit der Puppen und durch den schnulzigen Text sehr witzig.
Es setzt voraus, dass die Kinder, die die Puppen führen, selbst auch im Takt zumindest Polka tanzen können.

Natürlich sind auch Parodien auf andere Schlager oder kleine Spielszenen denkbar.

Musikvorschlag:
„Heidi“ von Gitti und Erika.

Singende Würmer

4 Spieler mit jeweils einer Wurm-Puppe

Material
weißer Stoff, Plüsch oder Wolle in Neonfarben für die Haare, kleine Styroporkugeln als Augen, Neonpappe als Mund, Zubehör nach Belieben (z.B. Sonnenbrille)

Hinweise zur Herstellung
Der weiße Stoff wird zu Schläuchen von etwa 15-20 cm Breite zusammengenäht. An dem Ende, das den Kopf bilden soll, bleibt ein Schlitz offen, so dass der Spieler mit der Hand hineingreifen kann. Augen, Haare und Mund werden angenäht bzw. angeklebt. Damit die Puppen Charakter erhalten, sind Bärte, Sonnenbrillen, Haarschmuck, Halskrausen etc. denkbar.

So werden die Würmer gemacht.

Parodie „Speedy Gonzales“

Der Schlager „Speedy Gonzales“ hat folgenden Inhalt: In einer wunderschönen Mondnacht hört der Sänger das klagende Weinen eines jungen Mädchens. Der galante Gonzales scheint fremdgegangen zu sein, und diesmal hat er sich die Falsche ausgesucht: Die Ehefrau

Die Würmer üben den Text.

des Ketchup-Königs. Dem Erzähler schwant Böses. Gonzales selbst beteuert aber immer wieder, er habe in der Stadt nur ein paar Tortillas und Cerveza (Bier) geholt.
Die Würmer „synchronisieren“ das Musikstück. Es können vier Puppen beteiligt sein, die den Text – je nach Rolle – mitsingen.
Die Puppen parodieren auf einem Tisch, damit sie vom Zuschauerraum her gut zu sehen sind. Die Kinder, die sie führen, sind natürlich durch ihre schwarze Kleidung nicht zu erkennen.
Damit die Wirkung der Nummer nicht verpufft, ist es empfehlenswert, die Puppen auf einem (schräg nach vorn gekippten) Tisch zu plazieren und so lange zusammengefaltet unten zu lassen, bis sie ihren ersten Einsatz haben.
Wichtig ist, dass die Würmer beim Singen nach vorne schauen und das Maul weit aufreißen. Würmer, die gerade nicht singen, sollten im Takt der Musik wippen o.ä.

Pädagogische Hinweise
Die Herstellung der Puppen erfordert natürlich etwas mehr Arbeit und sollte schon im Vorfeld geschehen.
Die Blackwits[8] haben in ihren Vorstellungen schon ähnliche Würmer im professionellen Bereich benutzt.
Die bei unserem Vorschlag benutzten Würmer stellen eine einfache Variante der Profis dar.
Die Idee eignet sich in besonderer Weise zur Darstellung von Parodien.

Musikvorschlag
„Speedy Gonzales“ von Rex Gildo

[8] Die Blackwits (Ivan Kraus & Nadja Munzarowa) sind im internationalen Showbusiness vor allem durch ihre Auftritte in Amerika, im *Olympia* und im *Crazy Horse Saloon* in Paris bekannt.

So sehen die singenden Würmer während ihres Auftrittes aus.

Die tanzenden Stockpuppen

10-16 Spieler

Die Stockpuppen sind ebenfalls lebensgroß und einfach herzustellen. Der Trick hierbei ist, dass sie von zwei Spielern bedient werden.

Material
pro Puppe ein Besenstiel und ein dünner Rundstab, zwei größere Plastikblumentöpfe, je eine Papiermaske, weißer oder einfarbiger Stoff, Draht, Ringgummis, Schrauben, Neonfarben

Hinweise zur Herstellung
Nur etwas für Tüftler!
Da sich der Mund der Puppe bewegen soll, wird der Kopf aus billigem Wegwerfmaterial (hier aus zwei Plastikblumentöpfen) hergestellt, deren oberer Durchmesser ca. 25 cm haben sollten.
Ein Topf wird mit der Öffnung nach unten durch das zentrale Gießloch mit einer Holzschraube und Unterlegscheibe am oberen Ende des Besenstiels befestigt.

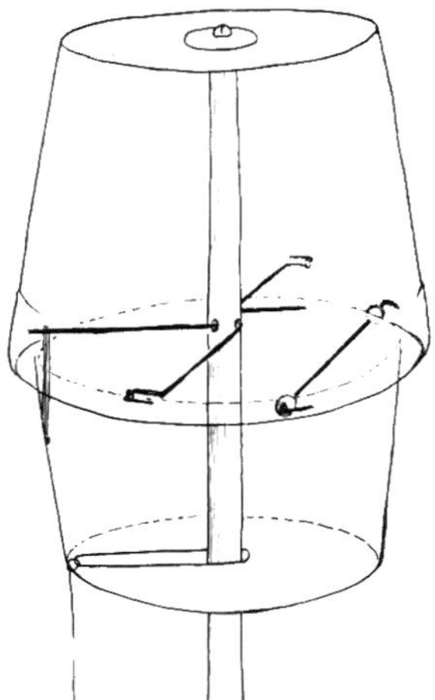

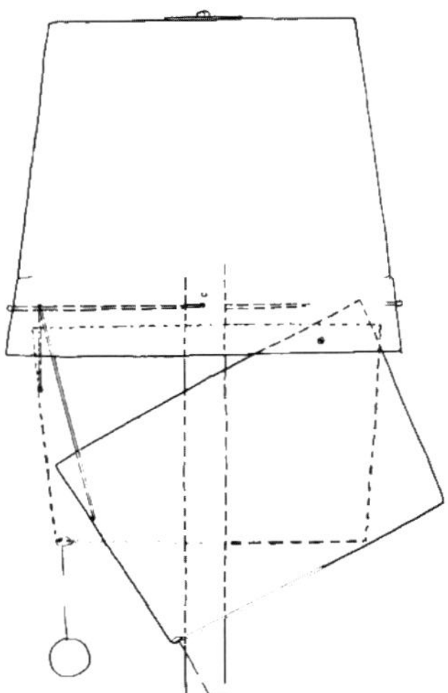

Zur Stabilisierung des Kopfoberteils werden im verstärkten Randbereich des Topfes vier Löcher gestochen, von denen jeweils zwei einander gegenüber liegen. Der Besenstiel wird auf etwa gleicher

Höhe zweimal durchbohrt, wobei die Bohrungen gegeneinander etwas höhenversetzt und im Winkel von 90 Grad gedreht angebracht werden. Durch diese Bohrungen werden dünne, stabile Drähte gezogen, gegen Verrutschen entsprechend gebogen, durch die Löcher im Topfrand gezogen und außen umgeknickt. Der Topf sitzt so recht fest auf dem Besenstiel.
Der zweite Topf wird oben auf etwa die Hälfte bis ein Drittel abgeschnitten. Das zentrale Bodenloch wird auf Besenstieldurchmesser erweitert und vom Zentrum nach einer Seite hin in Richtung Topfwand aufgeschnitten. Unterer und oberer Topf werden durch eine Drehachse aus Draht so miteinander verbunden, dass der untere Topf etwa 2-3 cm in den oberen hineinreicht und der untere durch sein Eigengewicht herabklappen kann.

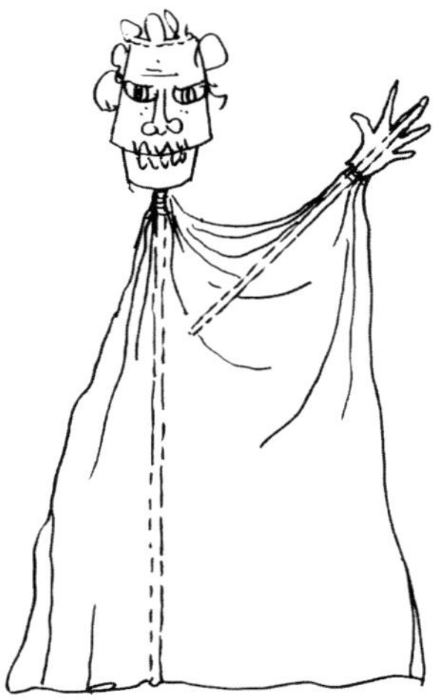

Distanzkügelchen aus Holz o.ä. auf den Achsenabschnitten zwischen oberem und unterem Topf sorgen für eine reibungslose Drehbewegung, deren Ausschlag nach unten durch den Ausschnitt im Boden begrenzt wird. Ein Ringgummi zwischen oberem und unterem Kopfteil hält den Mund geschlossen, ein am unteren Teil angebrachter Zugfaden ermöglicht das Öffnen und Schließen des Mundes.
Dem so entstandenen „Kopf“ werden farbige Masken übergestülpt, wobei die Möglichkeit besteht, Form und Farbe der Köpfe durch Maskentausch zu variieren (Herstellung der Masken siehe S.80)
Der Besenstiel mit Kopf bildet den Körper der Puppe, sollte also entsprechend lang sein. Ein entsprechend großes Stück Stoff wird mit einer Ecke unterhalb des Kopfes zusammengedreht und mit Draht o.ä. am Besenstiel befestigt.
Der zweite kürzere Rundstab dient als Arm. An seinem Ende kann als Hand ein ausgestopfter Handschuh angebracht werden. Im oder unter dem Handschuh wird der andere Zipfel des Tuches am Stock befestigt.

Spielanleitung
Es können mehrere Puppen auftreten. Jede Puppe wird von zwei Spielern bedient. Der eine hält den Stock, am besten drückt er ihn auf den rechten Fuß, und bedient den Mund der Puppe (aufgeschnittener Blumentopf), der sich im Takt öffnet und schließt. Der zweite Spieler bedient den linken oder rechten Arm der Puppe, der sich ebenfalls im Takt bewegt.

Die Puppen treten seitwärts auf. Sie bewegen sich im Takt der Musik. Sie können nun in einer Reihe von rechts nach links im Hintergrund der Bühne schreiten. Sie verlassen dann links die Bühne, treten nun wieder im vorderen Teil der Bühne auf und gehen jetzt von links nach rechts. So behindern sie nicht die hintere Reihe. Dies kann entsprechend in allen möglichen Kombinationen fortgesetzt werden. Man kann auch alle Puppen auf der Bühne platzieren und sie vor- und zurückgehen lassen.
Die Nummer sieht sehr gut aus, vor allem wenn alle Puppen im Takt gleichförmig tanzen, wie es bei einem Sirtaki der Fall ist.

Pädagogische Hinweise
Die Arbeit mit Marionetten, aber auch die mit Körperpuppen setzt ein gewisses Geschick voraus. Die Stockpuppen können nur von Kindern geführt werden, die musikalisch sind. Die Übungszeiten sind oft lang.
Führt man kleine Stücke mit Puppen auf, ist zusätzlich noch zu berücksichtigen, dass neben der Führung der Puppen auch die Synchronisation stimmen muss. Die Motorik der Puppen macht den Kindern oft Schwierigkeiten, vor allem wenn sie gleichzeitig mit dem Sprechen erfolgt.

Musikvorschlag
Ein rhythmischer, schneller werdender Sirtaki

Die tanzenden Stockpuppen

Ein ungewöhnlicher Opernchor

Die gesamte Klasse – alle machen mit

Diese Nummer zählt zu den „Highlights“ aus dem Schwarzen Theater. Sie ist ein „Knüller“, einfach zu realisieren und hat eine verblüffende Wirkung. Sie eignet sich sehr gut als Abschluss eines Programmes. Die Zuschauer sind unter Garantie begeistert.

Material
pro Kind ein längerer weißer Socken, zwei kleine Styroporkugeln, roter Karton (Neonfarbe)

Hinweise zur Herstellung
Auf den weißen Socken werden im Zehenbereich die beiden kleinen Kugeln – mit roter oder gelber Neonfarbe bemalt – aufgenäht. Aus Neonkarton wird ein langgezogenes Oval ausgeschnitten und auf die Sohle des Socken aufgeklebt. Es wird in der Mitte geknickt und bildet den Mund. Mit dem Daumen in der Ferse und den Fingern in der Sockenspitze wird er geöffnet und geschlossen.
Ein Kind darf die Vorsängerin in dem Chor sein. Dieser Socken wird zusätzlich mit fluoreszierendem Tüll oder Haaren verziert, entsprechend der Ausstattung einer „Operndiva“.

Spielanleitung
Die Kinder sind in drei Reihen bereits auf die Bühne. Die erste Reihe sitzt, die zweite kniet, die dritte steht.
Man wählt am günstigsten eine Arie mit Chor und Vorsängerin aus der Klassik aus. Sehr gut eignet sich „L’amour est un oiseau rebelle“ (Habanera) aus „Carmen“ von Bizet. (Man muss darauf achten, dass man eine Fassung der Arie verwendet, die mit Chor gesungen wird.)
Die Kinder bilden den Chor der Frösche, der besonders geschmückte Frosch ist die Sängerin. Alle Kinder halten ihre Frösche hinter sich auf dem Rücken.
Die Sängerin beginnt, das Stück nach der Musik dramatisch zu interpretieren. Immer wenn der Chor sie begleitet, halten alle Kinder ihre Frösche vor sich und lassen sie durch entsprechende Maulbewegungen mitsingen. Besonders schön ist es, wenn der Chor nur kurz singt, alle Frösche mit einem Mal hervorschnellen, einen Satz kurz interpretieren und dann gleich wieder verschwinden.

Bei der Probe

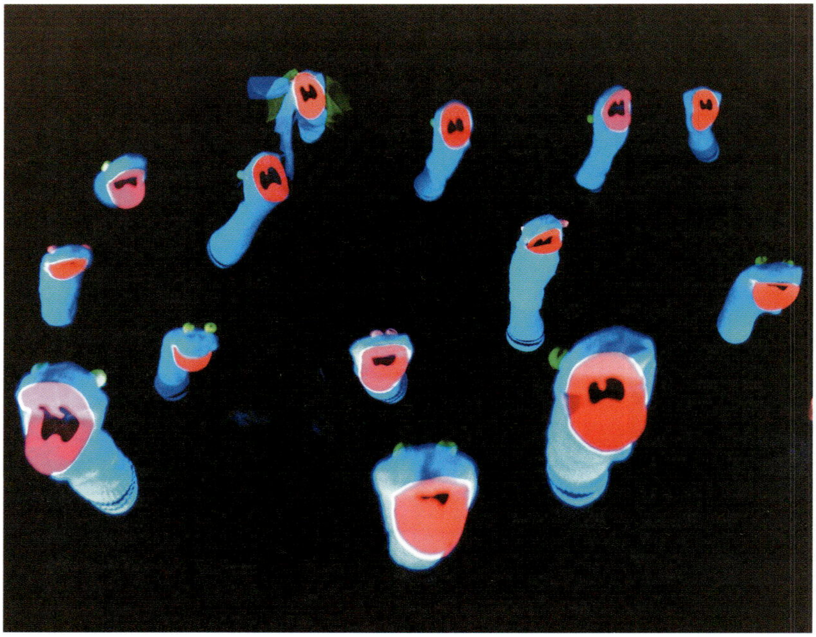

Der Chor der Frösche hat seinen Auftritt.

Musikvorschlag
„L´amour est un oiseau rebelle“ (Habanera) von G. Bizet: Carmen

Variante
Wenn man nicht die gesamte Klasse mit Fröschen ausstatten will, kann man auch eine Nummer vorführen, bei der Stücke einer kleineren Gesangsgruppe interpretiert werden: Beispielsweise die Comedian Harmonists („Mein kleiner grüner Kaktus“ oder „Veronika, der Lenz ist da“).
Man kann ein solches Stück allein bei einem besonderen Anlass – Geburtstag, Jubiläum etc. – vorführen. Dies lässt sich folgendermaßen realisieren:
Man stellt wie gewohnt einige UV-Lampen auf. Statt einer Bühne konstruiert man einen Rahmen, den man mit einer schwarzen Folie bespannt. In die Folie macht man Einschnitte, durch die Köpfe und Körper der Frösche hindurchpassen. Bei der Aufführung sollte das Licht gelöscht werden.
Die Spieler müssen lediglich einen schwarzen Pullover anhaben, da sie ja durch die Folie verdeckt sind. Jetzt streckt die Vorsängerin ihren Arm aus und beginnt nach Musik zu parodieren. Immer wenn der Chor einsetzt, schnellen die Frösche durch die für sie vorgesehenen Öffnungen und singen mit.
Die Nummer ist schnell einzuüben und einfach zu realisieren.

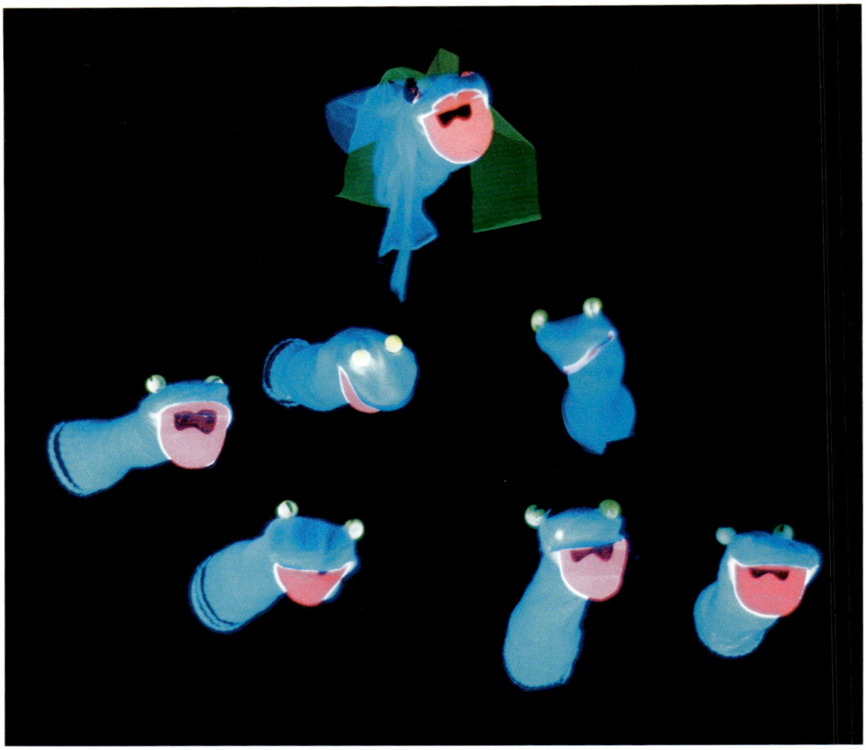

Die Frösche geben eine Zugabe.

Spielideen mit farbigen Kartons und Papieren

Die Mehrzahl aller Requisiten wird aus Papier oder Karton (Plakatkarton) hergestellt.
Papier gibt es in mindestens sechs unterschiedlichen fluoreszierenden Farbabtönungen, Plakatkarton ist mindestens in vier Leuchtfarben erhältlich. Dazu kommen schwarz und weiß. Für UV-Licht nicht ganz so geeignet ist fluoreszierendes Krepppapier, da es nicht intensiv genug leuchtet.
Man sollte viel Wert darauf legen, dass die Requisiten auch von den Kindern selbst hergestellt werden. Durch die intensive Arbeit mit den Materialien können sie schneller überprüfen, welche Effekte unter UV-Licht entstehen, und auch besser eigene Ideen entwickeln.
6-8 Spieler

Puzzles

Material
Neonkartons, fluoreszierende Farbe und Schminke

Spielanleitung
Ein Conferencier, in fluoreszierender Kleidung und im Gesicht fluoreszierend geschminkt, kündigt das Programm an. Nacheinander erscheinen große, farbig leuchtende Puzzleteile, die um ihn herumschwirren. Sie setzen sich zusammen, ergeben aber keinen Sinn. Sie trennen sich wieder und setzen sich schließlich so zusammen, dass für den Zuschauer die Worte „**Anfang**“ oder „**Ende**“ erkennbar werden.

„Ende“ in fünf Teilen

Beim Vorbereiten der Papiermasken

Variante
Es können auch andere Figuren zusammengesetzt werden: Tiere, Pflanzen, menschlichen Figuren – selbst die Kulisse kann sich auf diese Art formieren.
Man kann dies zusätzlich mit einem Ratespiel für die Zuschauer kombinieren. Wer rät zuerst, welche Figur entstehen soll? So können beispielsweise die Einzelteile eines Pferdes durch den Raum schwirren, sich zu einzelnen richtigen Puzzleverbindungen formieren und sich mehr und mehr der Form eines Pferdes annähern. Die Zuschauer versuchen zu raten.

Tanzende Skelette

Material
Weißes Papier (prüfen, ob es im UV-Licht leuchtet), Stecknadeln oder Klettband, dicker schwarzer Filzstift

4-8 Mitspieler

Hinweise zur Herstellung
Um die Skelette anatomisch annähernd richtig gestalten zu können, empfiehlt sich als Modell der „Knochenmann“ aus der Biologiesammlung. Noch einfacher ist es, eine Skelettzeichnung aus dem Biologiebuch auf Folie zu kopieren und diese mit dem Overheadprojektor in der jeweils gewünschten Größe (der Spieler) auf Papier zu übertragen.
Kopf, Torso, Beckenknochen, Arme und Beine werden gesondert ausgeschnitten. Die Knochen für die Arme werden mit Sicherheitsnadeln an einem Spieler, die für die Beine und das Becken an einem zweiten Spieler befestigt. Der Torso wird mit Karton verstärkt und mit einem schwarzen Stock versehen, sodass ein Spieler ihn ohne Probleme in der Hand halten kann. Der Kopf wird ebenfalls getragen, um in unterschiedlichen Positionen und überall aufsetzbar zu sein.
Man braucht für ein vollständiges Skelett vier Spieler. Spieler 1: Becken und Beinknochen, Spieler 2: nur mit Armknochen (befestigt), Spieler 3: trägt separat den Brustkorb, Spieler 4: hält den Kopf. Man kann natürlich auch alle Knochen an einem Spieler befestigen, dann bleibt die Figur des Skelettes erhalten, kann also nicht zusammengesetzt oder aufgelöst werden.

Skelette bei der Probe

Spielanleitung
Ein Skelett tritt auf und beginnt vorn am Bühnenrand nach Musik zu tanzen. Es ist ein Spieler mit allen Skelettteilen. Es stampft mit den Beinen, rudert mit den Armen und wiegt den Kopf im Takt. Es tanzt vor.
Nach einiger Zeit erscheinen drei Unterteile von Skeletten (Rumpf und Beine), danach schweben drei Brustkörbe in den Raum, nehmen nach mehreren Versuchen die richtige Position ein und bewegen sich nach der Musik. Nun rudern mehrere Arme durch den Raum und suchen ihren Platz.
Am Schluss rollen die Köpfe quer durch den Bühnenraum und setzen sich schließlich auf den richtigen Körper.
Alle Skelette tanzen immer wilder, bis sie wieder völlig auseinanderfallen.
Sie können sich aber wieder neu formieren und die Musiknummer bis zum Schluss bestreiten. Während des Applauses des Publikums fallen sie schließlich in sich zusammen und bleiben auf dem Boden liegen.

Musikvorschlag
Rondo Veneziano: „Tanz der Masken“

Kopfmasken

Spielvorschlag für die gesamte Klasse – alle machen mit

Material
Plakatkartons für die Masken (Neonkarton, schwarz oder weiß), fluoreszierendes Papier.

Hinweise zur Herstellung
Kopfmasken werden, wie der Name schon sagt, wie Zylinder auf dem Kopf getragen.
Auf einen Plakatkarton werden zwei Gesichter aufgeklebt. Es ist möglich, ein komplettes Gesicht in Leuchtfarben oder aber nur die einzelnen Bestandteile des Gesichtes (Nase, Augen, Mund) anzubringen. Dabei kann der Plakatkarton aus Neonfarbe sein, aber auch ein schwarzer Karton mit leuchtenden Gesichtszügen erzielt sehr gute Effekte.

Man dreht aus dem Plakatkarton einen Zylinder. Diesen klebt oder tackert man zusammen. Der Zylinder sollte in seinem Durchmesser auf den Kopf des jeweiligen Kindes passen, das ihn wie einen Hut trägt.

Spielanleitung

Die Kinder kommen mit den Kopfmasken von beiden Seiten auf die Bühne. Sie bilden eine Reihe, haben sich untergehakt und bewegen die Kopfmasken im Takt nach links und nach rechts.

Die vordere Reihe bewegt sich auf den Knien, sodass die Gesichter der Masken dem Publikum zugewandt sind. Die hintere Reihe kommt auf Knien auf die Bühne. Sie tritt im hinteren Bühnenteil auf. Dadurch entsteht der Eindruck, dass sich der Bühnenraum von links und rechts mit Kopfmasken füllt. Wenn alle Kinder auf der Bühne sind, kann man sie in zwei Reihen vor- und zurückgehen lassen. Durch die vielen unterschiedlichen Masken, die im Takt hin- und herschaukeln, entsteht ein interessantes Bühnenbild.

Pädagogische Hinweise

Die Spielanleitung eignet sich auch für jüngere Kinder, selbst wenn sie nicht immer im Takt sind. Die Kinder haken sich ein, damit der Abstand zwischen den Masken nicht zu groß wird.

Auf jeden Fall sollten einige der Masken auch auf schwarzem Plakatkarton gefertigt sein, weil dies als Kontrast besonders gut aussieht.

Eine Kopfmaske entsteht und wird kritisch begutachtet.

Über die Herstellung von Masken

Man kann natürlich auch Auftritte mit ganz normalen Gesichtsmasken gestalten. Sie werden aus Plakatkarton hergestellt und entsprechend beklebt oder bemalt.

Beispiele für Masken[9]

Masken sind einfach herzustellen. Jedes Kind kann sie selbst anfertigen. Die folgenden Zeichnungen zeigen die Herstellung von zwei Grundtypen – mit und ohne Nase – in entsprechenden Variationen.

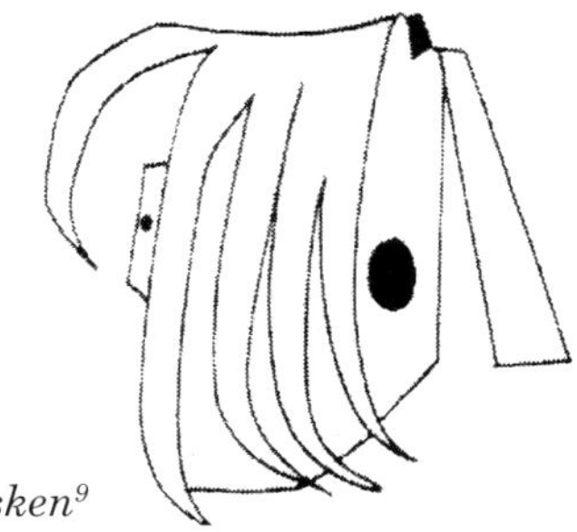

Beispiele für Masken[9]

Die Vorlagen auf S.83 und S.84 werden auf DIN A4 vergrößert und auf Leuchtpappe übertragen. Bei der Maskenvorlage von S.84 wird die Nase heruntergeklappt. Die Augenlöcher und das Gummiband, das die Maske hält, werden dem Kopf des Trägers angepasst. Die Masken können nach Bedarf mit Bärten, Augenumrandungen etc. verziert werden.

Beispiele für Masken[9]

[9] nach Grater, M. (1984) Paper Mark Making, New York: Dover Publications, S. 17ff.

Die Kinder können Masken frei gestalten. Einfach, aber sehr effektvoll ist es, geschnittene Leuchtpapierschnipsel dicht aufzukleben und lediglich Augen, Nase und Mund deutlich mit Schwarz zu markieren. Wenn die Masken einheitlicher aussehen sollen, ist es empfehlenswert, Vorgaben zur Farbe von Lippen, Haaren etc. zu machen oder sogar Schablonen dafür anzufertigen.
Mit den Masken lassen sich thematische Vorgaben (z.B. Zirkusclowns, Löwen o.ä.) realisieren. Man kann aber auch, statt eine Maske auf dem Kopf zu tragen, jeweils zwei in die Hände nehmen (siehe S. 68).

Die zylinderförmigen Masken werden auf dem Kopf getragen.

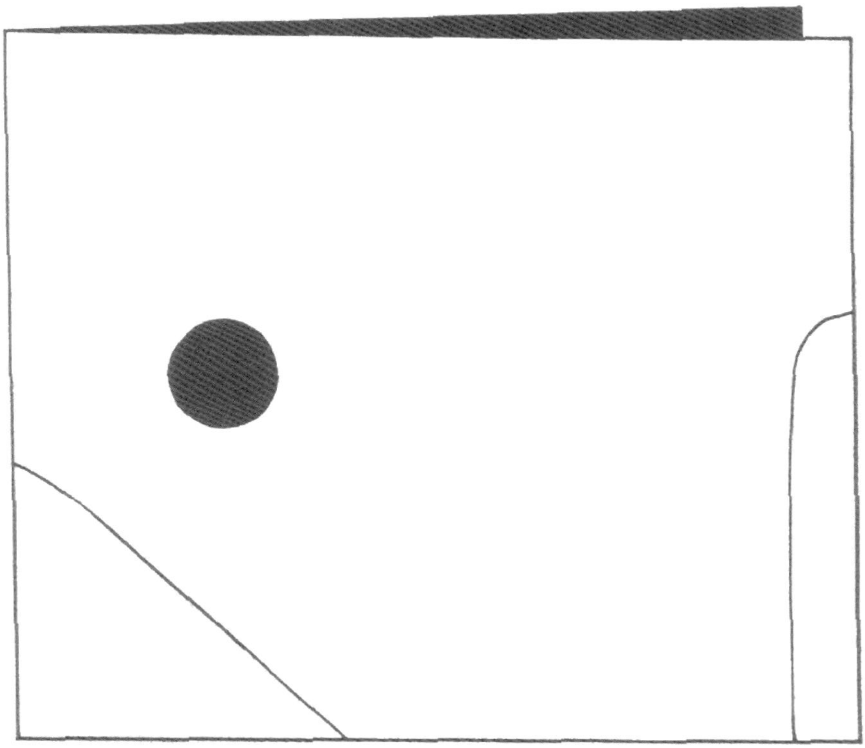

Grundmaske[10]

[10] nach Grater, M., a.a.O. S.19

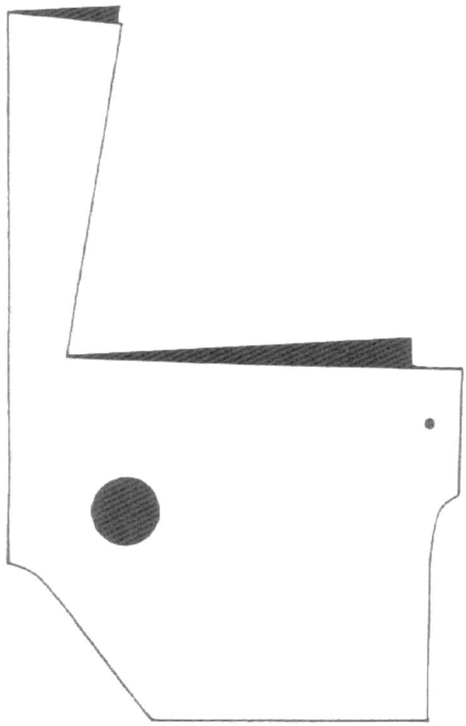

Maske mit Nase[11]

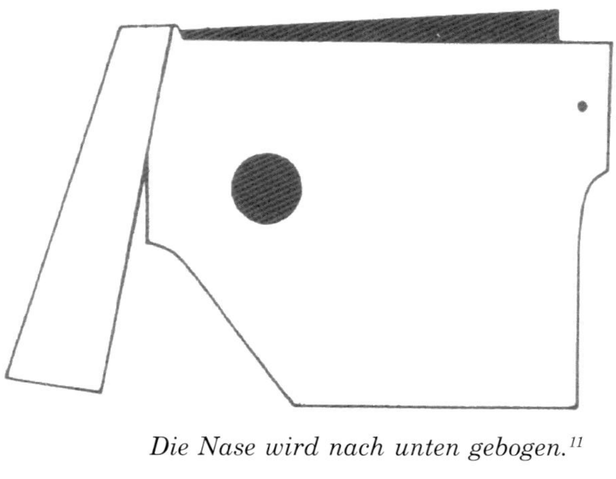

Die Nase wird nach unten gebogen.[11]

[11] nach Grater, M., a.a.O. S.19

Handmasken

6-8 Spieler

Material
Plakatkarton, fluoreszierendes Papier in unterschiedlichen Farben

Hinweise zur Herstellung
Es wird einer der beiden Grundtypen hergestellt. Jedes Kind benötigt zwei Masken. Sie werden jeweils mit dem Daumen und dem kleinen Finger gehalten, indem man diese beiden Finger durch die Öffnung für die Augen steckt. Die Masken selbst werden in Kleinstarbeit mit fluoreszierenden Schnipseln beklebt.

Spielanleitung
6-8 Kinder stehen in einer Reihe. Sie halten die Masken in gleicher Höhe vor sich. Im Takt der Musik fangen sie an, mit den Masken ein wenig zu wippen. Dann können sich die Masken in einer Reihe nach oben oder unten bewegen:
entweder alle zusammen
oder aber die linke nach oben und die rechte nach unten etc.
Wenn einzelne Spieler mit ihren Masken vor- und die anderen etwas zurücktreten, hat man den Eindruck, als würden die Masken in einem dreidimensionalem Raum schweben. So kann man entsprechend dem Alter der Kinder eine gut zu bewältigende Choreographie erstellen.

Pädagogische Hinweise
Die Nummer ist einfach zu realisieren und kann auch von Jüngeren gestaltet werden.

Musikvorschlag
Andrew Lloyd Webber: Sarah Brightman & Steve Harley – „The Phantom of the Opera“

Blumen

Spielvorschlag für die gesamte Klasse – alle machen mit

Material

Plakatkarton in Neonfarben, fluoreszierendes Papier zum Bekleben oder entsprechende Farben zum Anmalen.

Hinweise zur Herstellung

Der Einfachheit halber bieten sich radiärsymmetrische Blütenformen an. Die Blumen werden als Kreise ausgeschnitten, entweder aus fluoreszierendem Karton, aus normaler Pappe oder aus weißem Zeichenkarton, je nach gewünschter Grundfarbe.
Die Kontur der Blüte (gezackt, gerundet, eingeschnitten) wird durch entsprechende schwarze Übermalung der Kreisform gestaltet.
Die Rückseite kann schwarz gestrichen oder aber in anderer Weise beklebt und bemalt werden. Eine ca. 40cm lange Holzleiste (0,5x2cm) wird auf die Rückseite als Stiel aufgeklebt und von der Vorderseite aus mit Heftklammern zusätzlich festgetackert. Bei ebenfalls farbiger Gestaltung der Rückseite muss die Leiste entsprechend behandelt werden, ansonsten wird sie mit Dispersionsfarbe schwarz gestrichen.
Bei Bekleben der Vorderseite mit fluoreszierenden Materialien unterschiedlicher Farben hat es sich als günstig erwiesen, die Farbflächen gegeneinander durch breitere Konturen mit dem Borstenpinsel und schwarzer Farbe abzusetzen, um die Leuchtkraft der Farben zu erhöhen.
Jeder Spieler benötigt zusätzlich einen schwarzen Stab, an dem ein schwarzes Tuch – ähnlich einer Fahne – befestigt ist, damit er seine Blume verbergen kann.

Spielanleitung

Die Blumen sind hinter ihren schwarzen Tüchern verborgen oder noch so gedreht, dass man sie nicht sehen kann.
Sie können nun langsam hinter dem schwarzen Tuch hervorwachsen oder durch Drehung plötzlich erscheinen. Entweder erst einzelne oder auch alle auf einmal. Die Kinder können auch nach Nummern geordnet sitzen: 1-2-3. Erst tauchen alle Blumen der Spieler mit der Zahl 1 auf, dann die der Spieler mit der Zahl 2 etc.

Die Rückseite der Blumen ist schwarz angemalt. Durch Drehung können Blumen erscheinen, aber auch verschwinden.

Entsprechend können sie auch wieder durch Drehung verschwinden oder hinter den Tüchern verdeckt werden. Bei 20 bis 30 Kindern auf der Bühne entsteht, wenn alle Blumen erblüht sind, ein regelrechter Blumengarten.

Pädagogische Hinweise
Die Übung kann ohne Schwierigkeiten auch von Jüngeren realisiert werden.
Blumen gehören mit zu den wichtigsten Bestandteilen einer Aufführung im Schwarzen Theater. Sie sind leicht herzustellen und ermöglichen die Beteiligung aller Kinder.

Sterne

Spielvorschlag für die gesamte Klasse – alle machen mit

Material
Schwarze Pappe, Leuchtpapier, schwarze Abtönfarbe

Hinweise zur Herstellung
Aus schwarzer Pappe werden große Sterne hergestellt. Für jedes Kind kann als Schablone die gleiche Form verwendet werden. Die Sterne werden auf einer Seite dicht mit Leuchtpapierschnipseln beklebt, wobei ein mindestens drei Zentimeter breiter schwarzer Rand zum Anfassen stehen bleiben sollte. Man kann sie an dem schwarzen Rand in der Hand halten oder auch mit einem Stab führen. Auf die schwarz bemalte Rückseite der Sterne kommen viele kleine Sterne aus Leuchtpapier, die mit Hilfe von Schablonen angefertigt werden. Die Sterne berühren sich nicht untereinander.
Wenn man jetzt die großen Sterne im UV-Licht umdreht, sieht es aus, als schaue man plötzlich in einen Himmel voller weit entfernter Sternbilder.
Spielanleitung
Die Kinder sitzen, knien oder stehen zu Beginn der Nummer in den bewährten drei gestaffelten Reihen auf der Bühne und halten die Sterne versteckt. Unter Umständen ist es sinnvoll, am vorderen Rand ein schwarzes Tuch bis auf Kniehöhe zu spannen, hinter dem die Kinder der vorderen Reihe ihre Sterne verschwinden lassen

können. Jedes Kind hat eine Nummer – eins, zwei oder drei. Die Sterne werden entsprechend in Gruppen langsam im Halbkreis nach oben geführt, die dicht beklebte Seite nach vorn. Oben angekommen, drehen alle Spieler ihre Sterne um, sodass die Seite mit den kleinen Sternchen zu sehen ist. Zum Schluss heben alle gleichzeitig ihre Sterne und drehen sie.
Ein solcher Sternenhimmel eignet sich vorzüglich als Abschlussnummer eines Programmes.

Pädagogische Hinweise
Für diese Nummer ist kaum Rhythmusgefühl erforderlich, sodass hier wirklich alle mitmachen können. Es ist empfehlenswert, alle Kommandos durch ein Kind auf der Bühne geben zu lassen.

Schmetterlinge

Für die gesamte Klasse – alle machen mit

Material
fluoreszierendes Papier, Plakatkartons, Draht, Farbe

Hinweise zur Herstellung
Ein Zeichenkarton (190g/qm, reinweiß) mit den Maßen ca. 50x70 cm wird auf der Hälfte geknickt (siehe Zeichnung).
Auf die rechte Innenhälfte wird die Kontur eines halben Schmetterlings gezeichnet. Um die Symmetrie zu gewährleisten, wird der Bogen wieder am Knick gefaltet, gegen eine Fensterscheibe gehalten und die zweite Hälfte durchgezeichnet. Anschließend wird ausgeschnitten.
Vorder- und Hinterflügel sollten bis zum Körperansatz getrennt sein, damit sich die Flügel einzeln bewegen können. Das Durchzeichnen kann entfallen, wenn man so knickt, dass die Zeichnung außen liegt.
Beim Ausschneiden muss aber darauf geachtet werden, dass sich die zwei Hälften des Kartons nicht gegeneinander verschieben.
Ein Streifen dickeren Kartons (z.B. die Rückseite eines Zeichenblocks) wird zur Stabilisierung zwischen die Körperhälften eingeklebt und zusätzlich von beiden Seiten mit der Heftmaschine festgetackert. Dieser Teil dient als Grifffläche für den Spieler.

Ein Schmetterling entsteht ...

An der Trennungslinie zwischen Körper und Flügel wird so geknickt, dass sich die Flügel leicht federnd auf und ab bewegen können.
Die Fühler entstehen aus einem leicht federnden Draht, der zur Hälfte geknickt wird. Er wird durch ein kleines Loch im Kopfbereich gezogen, nach oben zusammengebogen, zwei-dreimal auf der Körperoberseite zusammengedreht, auseinandergebogen und an den Enden mit kleinen Ösen versehen. Zwei beidseitig aufgeklebte farbige Papiere bilden die Fühlerspitzen.
Bei der farblichen Gestaltung kann verfahren werden wie bei den Blumen.

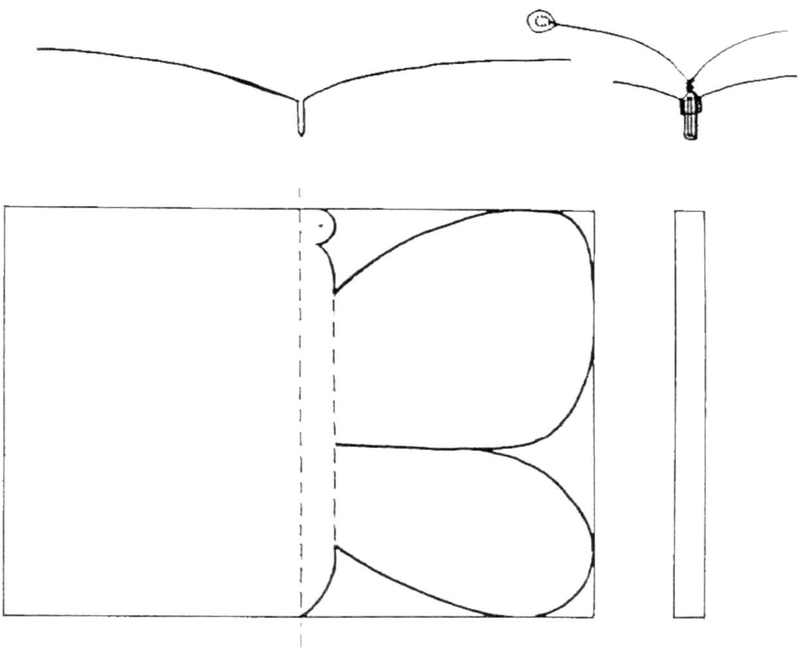

Schnittmuster für einen Schmetterling (Maße siehe Seite 89)

Spielanleitung

Die Schmetterlinge flattern nach Musik auf die Bühne:
Einzeln hintereinander, einmal von links und einmal von rechts aus dem Bühnenhintergrund. Sie landen in der ersten Reihe und flattern – schräg gehalten – auf der Stelle weiter. Dabei sollten die Kinder am Boden sitzen.
Es bildet sich hinter ihnen eine zweite Reihe mit Schmetterlingen. Die Spieler knien hier, um ihre Schmetterlinge höher als die in der ersten Reihe halten zu können.
Dann schließt sich eine dritte Reihe an, deren Spieler aufrecht stehen. So flattern im gesamten Bühnenraum farbig leuchtende Schmetterlinge nach Musik. Da die Unterseiten der Flügel schwarz gestrichen sind, kann man sie auch schnell zusammenklappen, sodass plötzlich kein einziger Schmetterling mehr auf der Bühne ist, und mit einem Mal fliegen wieder alle.

Pädagogische Hinweise

Die Nummer ist einfach zu realisieren. Schon das Basteln der Schmetterlinge macht den Kindern in der Regel viel Spaß. Das Bühnenbild mit allen fliegenden Schmetterlingen ist für die Zuschauer sehr eindrucksvoll.
Die gemachten Vorschläge zu Papier und Karton stellen eine kleine Auswahl dar.

Musikvorschlag

„Barcarole“ (nicht gesungen) aus „Hoffmanns Erzählungen“ (Offenbach)

Es ist natürlich möglich, auch ganz andere Gegenstände anzufertigen: Noten und Musikinstrumente, Alltagsgegenstände, Tiere etc. aber auch Kulissen und Requisiten für kleine Sketche.
Gerade fluoreszierendes Papier lässt so viele Ideen zu, dass hier nur die Phantasie der Leserinnen und Leser angeregt werden soll, um eigene Vorstellungen zu entwickeln.

Die Schmetterlinge lernen das Fliegen.

Spielideen mit Gesicht und Körper

Zu den Spielideen mit dem Körper gehören natürlich auch die Bewegungen der Hände und Füße in weißen Handschuhen.
Die folgenden Spielvorschläge beziehen sich auf den Einsatz des gesamten Körpers.

Geteilte Körper

2-3 Spieler

Material
Weiße und schwarze Kleidung

Spielanleitung
Auf der Bühne tanzt ein Mensch und teilt sich in Ober- und Unterteil. Nach einiger Zeit fügen sich die Körperhälften wieder aneinander. Dabei ist ein Spieler ist von der Gürtellinie abwärts schwarz gekleidet, ein anderer umgekehrt.

Variante
Zwei Spieler tragen Gymnastikanzüge, die senkrecht schwarz-weiß geteilt sind. Ein dritter Spieler stellt den Kopf dar, der aus einer Maske besteht, die wiederum schwarz-weiß geteilt ist.

Pädagogische Hinweise
Dieser Spielvorschlag setzt eine hohe Körperbeherrschung voraus.[12] Alle Spieler müssen ihre Bewegungen sehr exakt ausführen. Von daher kann eine solche Nummer nicht von allen Kindern realisiert werden und ist für Jüngere nur sehr bedingt geeignet.

[12] Wer in dieser Richtung weiterarbeiten möchte findet wertvolle Anregungen bei: R. Kersten: Schwarzes Theater, S. 70f. und F.& U. Reinhardt: Schwarzes Theater, S. 34f.

Vielarmiges Wesen

3-4 Spieler

Material
ein Spieler in weißer Kleidung, die anderen mit weißen Ärmeln und Handschuhen

Spielanleitung
Spieler 1 – ganz in Weiß (evtl. mit einer Maske) – bewegt sich zur Musik auf der Bühne, wobei er eine auffällige stereotype Bewegung mit den Armen ausführt (z.B. Arme hochstrecken, seitwärts strecken, fallen lassen etc.). Nach kurzer Zeit tritt Spieler 2 hinter Spieler 1, wobei er seine weißen Ärmel verborgen hält, und beginnt dann, versetzt die gleiche Bewegung auszuführen. Das gleiche mit einem dritten und evtl. noch einem vierten Spieler erweckt den Eindruck eines vielarmigen Wesens. Die Spieler sollten in umgekehrter Reihenfolge wieder von der Bühne gehen.

Pädagogische Hinweise
Die Spielidee ist vor allem für ältere Kinder gedacht, die Freude am Tänzerischen haben und die sich nicht scheuen, auf der Bühne in Erscheinung zu treten.

Musikvorschlag
Bolero von Ravel

Jazztanz: Wäsche

4-5 Spieler

(eher Mädchen), schwarz gekleidet und maskiert, mit weißen Handschuhen, Strümpfen, weißer Damenunterwäsche und Kopfbedeckung (Hüte oder Nachthauben)

Materialien
pro Spielerin ein Stuhl

Spielablauf

Die Spielerinnen sitzen mit dem Rücken zum Publikum zusammengesunken auf den Stühlen. Zur Musik erwachen sie zum Leben, richten sich auf und drehen sich schließlich um. Sie können

- sich in einer Reihe aufstellen,
- sich der Reihe nach hinhocken und wieder aufstehen,
- sich hintereinander aufstellen, die Arme ausbreiten und wieder zusammennehmen ...

Auch eine einfache Choreographie wirkt durch die weiße Wäsche im Schwarzlicht verblüffend. Am Ende der Nummer sollten alle wieder auf den Stühlen sitzen und in sich zusammenfallen.

Variation:

Ähnliche Nummern lassen sich durch unterschiedliche Kostümierungen mit völlig anderer Wirkung gestalten. Beispiele:
Reflektierende Sterne (z.B. aus Papier) werden auf die schwarze Verkleidung genäht.
Streifen aus fluoreszierendem Stoff werden auf ganzer Länge an den Ärmeln angebracht, so dass sie fast bis auf dem Boden reichen; ebenfalls an den Knien.
Umhänge aus Stoff, die auf der Innenseite weiß und außen schwarz sind, werden über schwarzen Gymnastikanzügen getragen.

Pädagogische Hinweise

Diese Art von Nummern ist eher für Ältere geeignet und wird voraussichtlich mehr Anklang bei Mädchen finden. Diese sind auch häufig sehr einfallsreich, was Choreographie und Gestaltung der Kostüme betrifft. Dennoch kann gerade das Schwarze Theater auch Jungen Gelegenheit bieten, tänzerisch aktiv zu werden, da sie nicht völlig exponiert auf der Bühne in Erscheinung treten müssen.

Musikvorschlag:

„Fever" von Joe Cocker

Kleine Spielvorschläge

Natürlich können im Schwarzen Theater auch Personen eine Rolle spielen. Ihre Kleidungsstücke müssen von daher im UV-Licht erkennbar sein. Dabei wirken weiße Stoffe allein immer ein wenig fad, besser sind fluoreszierende Stoffe in unterschiedlichen Farben. Strümpfe und Handschuhe sollten zur Abgrenzung des Körpers und der Einfachheit halber weiß sein. Die Kopfbedeckung stellt in der Regel auch kein Problem dar.
Das Gesicht wird selbstverständlich mit fluoreszierenden Farben geschminkt. Hier lassen sich beeindruckende Effekte erzielen.
Bei den Spielvorschlägen sind die Personen als solche sichtbar. Sie können in ein Stück integriert sein, selbst ein Stück vorführen oder als Zwischenglied die entsprechenden Ansagen machen.
Voraussetzung ist allerdings, dass die Spielerinnen und Spieler sich von der Darstellung und Mimik, aber auch von der Sprache her für eine kleinen Sketch oder eine kleine Szene eignen. Dies kann man nicht immer voraussetzen.
Besonders schwierig ist es, geeignete Sketche etc. für die jeweilige Klasse zu finden. Oft sind die Stücke und Szenen sehr moralisierend, wenig witzig und sogar langweilig.
Die folgenden Vorschläge erfreuen sich vor allem bei den Kindern großer Beliebtheit. Sie sind einfach zu spielen und zu sprechen. Sie gehören sozusagen zu den Klassikern eines „Lagerzirkus“ oder des „Bunten Abends“ einer Klassenfahrt. Eigentlich sind es alte „Kamellen“ – aber eben bewährte.
Man kann sie beliebig verändern, verlängern, kürzen – je nach den spielerischen Möglichkeiten der Kinder.

Clownsnummern

Besonders die Clownsnummern werden von den Kindern immer wieder gern gewählt.

Dabei ist es jedem überlassen, in welcher Form er sie im Schwarzen Theater realisieren will. Man kann sie als Zwischennummern einfach nur spielen oder sie mit nur im Schwarzen Theater möglichen Effekten anreichern.
Im Zirkus traten die Clowns zunächst als Pausenfüller auf, als sogenannte Zwischenakt-Auguste oder Teppichclowns, weil sie meistens am Ende ihres Auftritts in einen Teppich gerollt und aus der Manege getragen wurden. Sie übernahmen dann aber sehr oft auch eigenständige Nummern.
Clowns sind oft die Antihelden. Sie stellen aber für Kinder eine pädagogische, ja sogar therapeutische Figur dar. Der Clown tut alles für sich und wird dafür beklatscht. Er tut aber auch alles für andere, bringt sie zum Lachen und ist doch am Schluss derjenige, der zuletzt lacht. Clownsrollen üben auf Kinder eine starke Faszination aus. Sie lieben sie und stellen sie auf der Bühne sehr gern dar. Der Clown ist so, wie sie eigentlich immer schon sein wollten. Er darf alles, was sie sonst nicht dürfen.
Am bekanntesten ist der „dumme August", der bei den Kindern besonders gut ankommt. Er wirkt tollpatschig und versucht besser zu sein als die anderen, was ihm aber nicht immer gelingt. Im Zirkus ist in der Regel der Zirkusdirektor sein Gegenspieler. Zwischen beiden agiert in der Regel der mit weiß geschminktem Gesicht weiße Clown, sozusagen als Vermittler – aber auch als derjenige, der die Stichworte gibt, damit der Dumme August wieder einen Witz daraus machen kann. Der dumme August ist nicht wirklich dumm. Er ist nur langsamer im Denken und geht vorsichtig an seine Aufgaben heran. Er wird von den Kinder bevorzugt, weil er eben manchmal auch der Schlauere und doch der Sieger ist.
„Clowns zeigen uns unsere wirklichen Gefühle im Leben. Sie zeigen uns, wie dicht Mut, Angst, Freude und Trauer im Leben zusammenliegen, aber auch, wie man über einen traurigen Vorgang schmunzeln oder über ein freudiges Ereignis weinen kann."[13]
Alle vorgeschlagenen Auftritte können den Bedingen des Schwarzen Theaters angepasst und der eigenen Phantasie entsprechend verändert werden.

[13] zitiert nach Hasenbeck, M. (1988): Wir sind die Clowns. Offenbach: Burkhardthaus Laetare Verlag S.17

Ein Kaffeeservice wird balanciert

3 Spieler

Spielanleitung

Auf einem 1,50 Meter langen Stock ist eine Platte angebracht, auf der eine Kaffeekanne und zwei Tassen auf Untertellern stehen. Der Dumme August balanciert nach Musik das Service unter größten Anstrengungen. Mehrmals hat es den Anschein, dass alles gleich herunterfällt. Der Stab schwankt bedrohlich, schließlich neigt er sich über die Köpfe der Zuschauer, und das Service fällt herunter. Jedes Teil wird aber von schwarzen Fäden gehalten, sodass das Geschirr in der Luft baumelt.

Variante

Einfach und eindrucksvoller: Auf dem Stab ist eine Eierpackung angebracht. Ein Helfer kommt herein und nimmt ein Ei heraus und zerschlägt es. Jeder hat nun den Eindruck, dass echte Eier in der Packung liegen. Wieder balanciert der dumme August die zerbrechliche Ware. Als er schließlich das Gleichgewicht verliert, fallen die Eier aus dem Karton und baumeln über den Köpfen der Zuschauer, weil sie natürlich mit Fäden an der Eierpappe befestigt sind.
Man benutzt für diesen Trick möglichst Plastikeier, weil ausgepustete Eier sehr leicht kaputtgehen. Die Eierpappe als Behälter sollte zwar gut befestigt sein, kann aber ruhig etwas wackeln. Dies erhöht die Spannung. Das einzige echte Ei muss gekennzeichnet sein, damit der Helfer sich nicht „vertut“.

Wilhelm Tell – der Apfelschuss

2 Spieler

Zwei Clowns erscheinen, verkleidet als Wilhelm Tell mit seinem Sohn. Tell hält in den Händen die Armbrust.

Er stellt seinen Sohn auf und bedeutet ihm, aufrecht und ruhig zu stehen. Dann zieht er einen dicken Apfel aus der Tasche und legt ihn seinem Sohn auf den Kopf. Der Apfel kullert herunter. August beißt schnell ein Stück ab und legt ihn wieder auf. Der weiße Clown kommt jedoch noch lange nicht zum Schuss, weil der Apfel immer wieder herunterfällt. August aber beißt jedesmal ein Stück ab, bis nichts mehr übrig ist. Der weiße Clown ist darüber wütend und jagt August über die Bühne. Der bleibt aber plötzlich stehen und hat einen neuen Apfel in der Hand. Er legt ihn nun dem weißen Clown auf den Kopf. August nimmt nun sein Gewehr. Es ist eine Wasserspritze. Er zielt und trifft den weißen Clown mitten ins Gesicht. Der Apfel fällt wieder herunter, August ergreift ihn und rennt schnell weg.

Pädagogische Hinweise
Diese Clownsnummer wurde schon vor 100 Jahren schriftlich überliefert und wird heute noch in verschiedenen Variationen gespielt.

Wie viel Uhr ist es?

2 Spieler

Beide Clowns treten auf und laufen auf der Bühne hin und her. Schließlich bleiben sie nebeneinander stehen. Der Weiße Clown hält zwei Gläser und eine Flasche Limonade in den Händen. Er fragt den Dummen August, ob er auch etwas zu trinken haben will. August will. Beide Gläser werden randvoll (mit Konfetti) eingeschüttet. Die Clowns stehen wieder nebeneinander, trinken und prosten sich zu und trinken wieder.
Jetzt fragt der Weiße Clown: „Wieviel Uhr ist es?" August hat sein Glas in der rechten Hand, die Uhr befindet sich an dieser Hand. Arglos schaut er auf die Uhr, dreht dabei automatisch den Arm und schüttet sich das Wasser auf seine Hose. Der Weiße Clown lacht, und August will sich an ihm rächen. Er lässt noch einmal die Gläser füllen und fragt jetzt den Weißen Clown: „Wieviel Uhr ist es?" Dieser aber steht rechts von August und trägt sein Glas in der linken Hand. Die Uhr trägt er am Handgelenk nicht außen, sondern innen. Der Weiße Clown schaut nun auf seine Uhr und schüttet dabei das volle Glas nach links über die Hose des Dummen August.

Pädagogische Hinweise
Hier handelt es sich um eine Szene von Laurel und Hardy, die aber natürlich auch von zwei Clowns gespielt werden kann.

Einmal rasieren bitte

3 Spieler

Man benötigt einen Eimer mit Schaum, Wasser und viel Mehl.
Beide Clowns begrüßen sich enthusiastisch auf der Bühne. Der Weiße Clown hat einen Friseursalon eröffnet, und August wird sein Lehrling.
Der erste Kunde tritt ein. August bindet ihm ein Riesentuch um und knotet es fest zu, sodass der Kunde fast erstickt und mit dem Stuhl umfällt. Der Kunde schimpft, und der Weiße Clown entschuldigt sich für seinen Lehrling.
Der Weiße Clown gibt nun dem August den Auftrag, den Kunden einzuseifen. August erscheint nach kurzer Zeit mit einem Eimer voll Schaum und einem riesigen Malerpinsel. Er seift das Gesicht des Kunden tüchtig ein und schüttet ihm den Rest Schaum über den Kopf. Der Kunde versucht sich das Tuch abzureißen und sich in Sicherheit zu bringen, aber beide Clowns zerren ihn wieder auf den Stuhl. Der Weiße Clown versucht ihn zu beruhigen.
August kommt jetzt mit einem riesigen Rasiermesser und bearbeitet ihn. Der Kunde ist völlig k.o.
Der Weiße Clown bietet ihm eine Erfrischung an und August soll sie holen. Der blickt sich um und ergreift den nächsten Eimer und schüttet dem verdutzten Kunden das Wasser ins Gesicht.
Schließlich ruft der Weiße Clown „Puder bitte!“, und August hüllt den Kunden mit einer Riesenwolke Mehl ein.
Der Kunde erhält nun die Rechnung und August bittet um ein Trinkgeld. Alles endet mit einer wilden Verfolgungsjagd.

Pädagogische Hinweise
Eine oft gespielte Nummer, bei der es nicht nur hoch hergeht, sondern auch viel verschüttet wird. Es entsteht im Bühnenraum viel „Sauerei“, das ist auch der Grund, warum diese Nummer bei Kindern so beliebt ist. Es ist günstig, vorher eine durchsichtige Plastikplane auf der Bühne auszulegen.

Der Flohzirkus

2-3 Spieler

Es wird ein Seil gespannt, das von zwei Zuschauern gehalten wird. Ein Clown kommt mit einem riesigen Koffer auf die Bühne. In ihm befindet sich der Floh.
Der Clown lässt den Floh auf seinen Daumennagel hüpfen. Er hätschelt und streichelt ihn und verspricht ihm ein Zuckerstückchen, wenn er seine Sache wieder gut macht. Dann setzt er ihn auf das Seil.
Er lässt ihn auf dem Seil eine Rolle machen. Nun springt der Floh durch einen Reifen. Jetzt setzt der Floh als Sensation in zwei Sprüngen von einem Ende des Seils zum anderen, und schließlich soll er gar von einem Ende zum anderen in einem Sprung hüpfen. Der Clown redet ihm gut zu. Der Floh ist ganz nervös. Man zeigt ihm das Zuckerstückchen. Der Clown geht an das andere Ende des Seils und macht ihm Mut, den Sprung zu wagen. Er springt.
Aber plötzlich ist er weg. Der Clown ruft entsetzt nach ihm. Er läuft auf der Bühne hin und her und sucht ihn. Schließlich verlässt er die Bühne und sucht in den Köpfen der Zuschauer. Er durchsucht die Haare einzelner Zuschauer. Nach langem Suchen hat er ihn schließlich erwischt. Er schimpft ihn aus für seine Undankbarkeit. Er setzt ihn auf das Seil und fordert ihn auf, ein neues Kunststück zu machen, was der Floh nicht kann. Jetzt sieht er sich den Floh unter einem Vergrößerungsglas an und stellt fest, dass es gar nicht seiner ist. Er hat bei seiner Suche einen falschen Floh erwischt und geht unter Gelächter ab.

Pädagogische Hinweise
Der Flohzirkus ist in den Augen der Kinder eine der größten Sensationen in einem Programm.

Das lebende Denkmal

6-8 Spieler

Es erscheinen zwei Gestalten in abgerissener Kleidung. Ihr Gespräch lässt erkennen, dass es sich um zwei Landstreicher handelt, denen es im Moment dreckig geht. Sie haben schon seit Tagen nichts Vernünftiges mehr zu essen bekommen. Ihr Magen knurrt. Da hören sie plötzlich Stimmen. Vielleicht gibt es eine Möglichkeit, etwas Essbares zu ergattern. In der Nähe steht eine Bank und dahinter ein Sockel, auf dem ehemals ein Denkmal stand. Da kommt der eine auf den Gedanken, sich als Denkmal auf den Sockel zu stellen. Der zweite verschwindet in den Büschen.

Schon kommen zwei Bäuerinnen mit einem großen Henkelkorb. Sie setzen sich auf die Bank vor dem Denkmal und beginnen zu frühstücken. Dem Denkmal läuft natürlich das Wasser im Mund zusammen. Es bewegt sich etwas und stibitzt vorsichtig eine Wurst aus dem Korb, berührt eine der Bäuerinnen an der Schulter etc. Beiden ist dies nicht geheuer. Als das Denkmal sich schließlich heißhungrig auf den Korb stürzt, laufen sie entsetzt davon.

Die beiden Landstreicher setzen sich nun auf die Bank und lassen es sich gut gehen. Da hören sie jemanden kommen.

Ein Maler erscheint mit einem großen Zeichenblock. Er sucht nach einem guten Motiv und entscheidet sich schließlich für das Denkmal. Er beginnt zu arbeiten. Das Denkmal wechselt inzwischen seine Position, weil es nicht so lange stehen kann und stützt jetzt den Kopf mit der rechten Hand, weil die linke ermüdet ist. Der Maler bemerkt verwundert die Verwandlung. Er glaubt aber, dass er nicht genau hingesehen habe und radiert und verbessert seine Zeichnung. Nach kurzer Zeit wechselt das Denkmal wieder seine Stellung. Jetzt wird es dem Maler unheimlich. Er geht kopfschüttelnd ab.

Als nächstes setzt sich ein Dichter auf die Bank. Mit gezücktem Bleistift und Gesten beginnt er zu dichten und rezitiert dabei laut. Plötzlich stößt ihn jemand in die Seite. Verblüfft springt er auf und sucht hinter dem Denkmal nach dem Störenfried, ohne jedoch jemand zu finden. Als er wieder sitzt, zupft ihn das Denkmal an den Haaren. Er sucht wieder und findet niemanden. Er dichtet weiter, und als fertig ist, liest er die komplette Strophe vor. Da fängt das Denkmal aus vollem Halse an zu lachen, klopft sich auf die Schenkel und biegt sich vor Lachen. Den Dichter packt das kalte Grausen. Er verlässt schleunigst den Park.

Jetzt kommt der Parkwächter, stellt sich vor das Denkmal und betrachtet es genau. Er geht ab und kommt gleich mit zwei Putzfrauen wieder. Sie haben lange Schrubber und einen Eimer Wasser bei sich. Der Parkwächter gibt ihnen den Auftrag, das Denkmal zu säubern. Erst kehren sie die Spinnweben ab. Als sie ihm an die Nase kommen, fängt das Denkmal an zu niesen. Die Putzfrauen denken, eine von ihnen habe geniest. Schließlich nimmt eine der Putzfrauen den Eimer Wasser (Konfetti) und schüttet ihn über dem Denkmal aus.

Pädagogischer Hinweis
Am besten trägt der Denkmaldarsteller eine Badehose und eine Decke als Umhang, die er dem zweiten Darsteller mitgibt, wenn er sich in die Position des Denkmals begibt. Er kann auf dem Sockel als Speerwerfer stehen, dann kann er den Speer wechseln.

Der Mord auf der Wendeltreppe

6-8 Spieler

Ein Stuhl kann die Wendeltreppe darstellen. Die Witwe Bolte erscheint mit einem riesigen Einkaufskorb am Arm und steigt mühsam die Treppen hinauf. Als sie im 2. Stock angekommen ist (zweimal langsam um den Stuhl herum), muss sie sich erst einmal von der Anstrengung erholen und verschnaufen. Schwer atmend setzt sie sich auf den Stuhl.
Als sie im 5. Stock angekommen ist, stellt sie fest, dass sie ihre Schlüssel verloren hat. Aufgeregt geht sie die Treppen wieder herunter. Im 2. Stock findet sie die Schlüssel und steigt nun wieder die Treppen hinauf. Oben angekommen ist sie ganz erschöpft, legt sich auf ein Sofa und schläft sofort ein.
Inzwischen erscheinen zwei Diebe, die es auf den Einkaufskorb der Witwe Bolte abgesehen haben. Um kein Geräusch zu machen, steigen sie vorsichtig auf Zehenspitzen die Wendeltreppe hinauf. Endlich sind sie im 5. Stock angekommen. Sie lauschen an der Tür, ob sich drinnen etwas regt. Schließlich knacken sie die Tür und wollen der schlafenden Witwe Bolte den Einkaufskorb stehlen. Doch diese wacht auf, sieht die Diebe und stößt einen markerschüttern-

den Schrei aus. Einer der Einbrecher zückt ein Messer und sticht die Arme nieder. Sie bricht vor der Wohnungstür zusammen.
Die Räuber rasen mit dem Einkaufskorb die Treppen hinunter und verschwinden.
Nun erscheint die Polizei. Mit Pistolen bewaffnet gehen zwei Polizisten die Treppen hinauf und finden die Ermordete. Sie suchen nach Spuren, finden Fingerabdrücke und Fußspuren, vermessen alles und schreiben die Ergebnisse in einem dicken Buch auf. Sie knien auf dem Boden und versuchen die Witwe wieder zum Leben zu erwecken. Alle Wiederbelebungsversuche nutzen jedoch nichts. Schließlich ruft der eine Polizist: „Witwe Bolte, im Aldi gibt es Butter im Sonderangebot!“
Da springt die Witwe Bolte plötzlich auf und rast die Treppen hinunter, hinter ihr her die beiden Polizisten.

Pädagogische Hinweise
Dieses alte Kriminalstück verfehlt nie seine Wirkung, wenn die Darsteller auch pantomimisch überzeugend agieren. Bei der größtenteils stummen Handlung kommt es sehr auf die Mimik an.

Die Fliege

4-6 Spieler

Das Stück spielt in einer Kneipe mit Drehtür. Die Drehtür wird von einem Spieler dargestellt, der beide Arme, an denen Papier hängt, ausstreckt.
Der Kellner kommt und bringt zwei Tische mit je einem Stuhl. Er staubt die Tische ab, legt die Tischtücher auf, holt die Aschenbecher und zuletzt die Blumenvasen.
Der erste Gast kommt durch die Drehtür, die sich um die eigene Achse dreht. Er hängt Hut und Mantel auf, nimmt eine Zeitung aus der Manteltasche und beginnt zu lesen. Der Kellner bringt die Speisekarte. Der Gast studiert die Speisekarte und bestellt ein Bier. Der Kellner nimmt die Bestellung auf. Danach liest der Gast die Zeitung.
Der zweite Gast tritt durch die Drehtür ein. Er ist eher schüchtern und verlegen. Er dreht sich mehrmals mit der Drehtür. Er setzt sich schüchtern an den anderen freien Tisch.

Der Kellner bringt inzwischen das Bier und legt nun dem zweiten Gast die Speisekarte vor. Dieser liest sie sorgfältig und zählt dabei verstohlen sein Geld. Jeder merkt, dass es nur für eine Tasse Kaffee reicht. Er bestellt sie. Der Kellner nimmt die Bestellung mitleidig entgegen.
Der Kellner verlässt den Raum. Der erste Gast steht auf und sucht nach einer Fliege. Man hört deutlich das Summen. Er versucht sie zu fangen. Nach einigen Versuchen gelingt es ihm. Er geht zum Tisch, trinkt sein Bier fast aus und wirft schließlich die Fliege in das restliche Bier. Der zweite Gast beobachtet alles mit Interesse.
Der Kellner bringt den Kaffee für den zweiten Gast. Er trinkt. Zwischenzeitlich ruft der erste Gast den Kellner zu sich und beschwert sich, dass ein seinem Bier eine Fliege sei. Der Kellner beschwichtigt ihn und bringt ein neues Bier. Der erste Gast ist es zufrieden und beginnt mit der Lektüre der Zeitung.
Der zweite Gast steht nun auf, nimmt die Fliege aus dem Glas des ersten Gastes und gibt sie in seine Tasse.
Jetzt erscheint der Kellner erneut und bringt einen Polizisten mit. Er deutet auf den ersten Gast. Der Polizist verhaftet ihn. Es kommt zu einer Auseinandersetzung. Der Gast wird abgeführt.
Der zweite Gast versucht die Flieger aus seiner Tasse zu fischen. Aber er erwischt sie nicht.
Kellner und Polizist kommen zurück und suchen die Fliege im Glas des ersten Gastes. Sie ist nicht mehr zu finden. Sie schauen nun zum zweiten Gast, der immer noch versucht, die Fliege aus der Tasse zu fischen. Sie stürzen auf den Gast zu. Dieser nimmt die Tasse und trinkt sie in einem Zug leer. Vor dem Kellner und dem Polizisten steht die leere Tasse.
Der Polizist lässt den zweiten Gast auf einen Stuhl steigen, legt sein Ohr an den Magen des Gastes und horcht. Man hört es deutlich summen. Der Polizist sucht in seinem Gesetzbuch nach dem entsprechenden Paragraphen. Er blättert hastig. Der Kellner hilft ihm. Inzwischen macht sich der zweite Gast dünn und flieht durch die Drehtür.
Eine Fliege summt im Raum. Polizist und Kellner schauen ihr nach.

Pädagogische Hinweise

Die Szene ist schwer zu spielen, weil nicht gesprochen wird. Kinder, die ein Faible für pantomimische Darstellung haben, bewältigen sie jedoch ohne Schwierigkeiten. Die Szene sollte sehr sorgfältig eingeübt werden.

Tipps aus der Praxis

Krach hinter der Bühne

Beim Schwarzen Theater stellt der Geräuschpegel hinter der Bühne ein Problem dar.
Die Bühne ist durch schwarze Stoffvorhänge von ihrem Hinterraum, aber auch vom Zuschauerraum getrennt. Jedes Geräusch, jede Unterhaltung ist von daher gut zu hören. Die Kinder selbst haben aber immer das Gefühl, dass niemand sie hören kann, wenn sie sich hinter einer Stoffbahn befinden.
Steht ein gesonderter Raum nicht zur Verfügung, kann man die Klasse in folgender Weise trainieren: Wenn keine Musik läuft – absolute Ruhe. Läuft die Musik, kann man leise sprechen und sich unterhalten, da die Musik den Zuschauerraum beschallt und von daher die Stimmen hinter oder auf der Bühne nicht zu hören sind. Erfahrungsgemäß wird aber im Schwarzen Theater häufig mit Musik gearbeitet, sodass die Kinder in ihrer Aufregung nicht immer still sein müssen.

Ordnung hinter der Bühne

Am besten hat sich bei den Aufführungen und auch schon vorher beim Proben ein Requisitendienst bewährt. Kinder, die Verantwortung übernehmen können, werden mit der Wartung und Verwahrung der Requisiten betraut. So übernehmen z.B. ein oder zwei Kinder aus der Tüchernummer das Einsammeln, Aufbewahren und Austeilen der Tücher. So werden lange und fruchtlose Diskussionen vermieden, wer welches Tuch wo hin gelegt haben könnte; außerdem entwickeln die Kinder so Eigenverantwortung und Strategien, wie sie ihre Aufgabe bewältigen können.

Auftritt und Abgang

Auftritt und Abgang wollen geübt sein. Sie lassen sich keinesfalls improvisieren. Bei einer Klassenstärke von über 25 Kindern endet dies sonst in der Regel im Chaos.
Vor jeder Nummer treten die Spieler in ihrer schwarzen Kleidung ohne Kapuze an den Bühnenrand und verbeugen sich. Dabei wird das Saallicht eingeschaltet. Das hat den Vorteil, dass nach dem Ausschalten des Lichtes der Bühnenraum völlig schwarz wirkt, da sich das Auge erst wieder an die Dunkelheit adaptieren muss.
Die Kinder wollen auch immer genau wissen, in welcher Reihenfolge sie die Bühne betreten und wann sie sich gemeinsam verbeugen.
Am Ende des Programmes ist es üblich, dass sich noch einmal alle Mitwirkenden vor dem Publikum verbeugen. Beim Schwarzen Theater kann die Klasse in der Regel auf der Bühne selbst keine Reihe bilden, da der Spielraum begrenzt ist. Von daher nehmen die Schüler vor der Bühne in einer Reihe Aufstellung und verbeugen sich gemeinsam. Dies muss auf jeden Fall geübt werden.
Viele Klassen arbeiten mit den preisgünstigen schwarzen Plastik-

Umgang mit den Folien

folien. Oft müssen sie aneinander geklebt werden. Dies geschieht am günstigsten mit breitem Textilband, das die hohe Zugbelastung, denen die Folien ausgesetzt sind, besser auffängt. Klebstoff hat sich hier nicht als günstig erwiesen.
Außerdem kann man das Klebeband auch wieder von den Folien abziehen.
Werden die Folien aufbewahrt, sollten sie sehr vorsichtig zusammengelegt werden, da sie leicht knittern und dann nicht mehr gut aussehen.

Der Dumme August und der Weiße Clown wurden mit fluoreszierenden Farben geschminkt. Beim Weißen Clown wurden zusätzlich transparente Farben aufgetragen, wie man an dem Muster im Gesicht sieht. Sie sind bei normalem Licht kaum erkennbar, leuchten aber ganz intensiv unter UV-Licht.

Beleuchtung

In der Regel liegen am Bühnenrand UV-Neonleuchten. Man sollte gleich von Anfang an strengstens verbieten, dass die Bühne nach vorne über die Leuchten verlassen werden darf. Auch wenn keine Aufführung ist, darf nicht einfach über die Leuchten gesprungen werden. Wer hier nachlässig ist, wird nach kürzester Zeit erleben, wie ein Kind oder ein Jugendlicher über die Neonleuchten stolpert und dabei mindestens eine Röhre zu Bruch geht, weil man sich am Anfang noch vorsieht, dann aber doch achtloser geht.

Befestigung der Kabel, Stoffbahnen und des Gestänges

Kabel werden zu einem Strang zusammengelegt und um die Spielfläche herumgeführt. Sie werden mit Kabelbindern zu Strängen gebündelt. So können Stolperfallen vermieden werden.
Die Stoffbahnen selbst werden am Gestänge oder an Stellwänden mit Blumenbindedraht befestigt. Er hat sich als sehr stabil erwiesen und ist preisgünstig. Nagelt man die Stoffbahnen an, entstehen oft Risse im Stoff.
Auch das Gestänge der Gartenzelte kann aus der Halterung rutschen, da die Zeltplanen ja nicht über das Gerüst gezogen sind. Von daher sollte man es gleich mit Draht zusätzlich befestigen oder die Stangen so biegen, dass sie mehr Halt haben.

Zu den Kostümen

Natürlich ist es anstrengend und übermäßig warm, in voller schwarzer Montur auf der Bühne zu stehen, und viele Kinder werden sich beschweren, wenn sie auch bei den Proben in Schwarz auftauchen sollen. Dennoch sollten alle Nummern zwischendurch immer wieder auch in Schwarz geprobt werden, da sich viele der Requisiten mit Handschuhen und Kappe völlig anders handhaben – Stöcke rutschen plötzlich aus der Hand, die Kinder sehen mit Kappe nicht mehr, welche Seite des Fisches vorne ist etc. Bei den

„ganz in Schwarz“- bzw. kostümierten Durchlaufproben werden Sie auch recht schnell sehen, welche der Kinder ihre Materialien gut im Griff haben und bei welchen die anderen mit aufpassen müssen.

Knieschoner

Bei manchen Nummern ist es nötig, dass die Kinder lange knien oder sich auf den Knien fortbewegen müssen. Wenn das schmerzhaft werden sollte, können die Kinder u.U. die Knieschoner aus ihrer Inline-Skater-Ausrüstung tragen – die ist meist ganz in Schwarz gehalten und fällt daher nicht auf.

Zur Choreographie: Die Aufstellung

Ein Großteil der Nummern lässt sich mit einigen wenigen Grund-Aufstellungen bestreiten. Für die Nummern mit der ganzen Klasse hat sich am besten die Aufstellung in drei Reihen bewährt, wobei die vordere am Boden sitzt, die zweite dahinter kniet und die dritte hinten steht. Wenn nicht alle Kinder schon von Anfang an auf der Bühne stehen, ist es am besten, die Aufstellung von vorn zu beginnen, damit sich die vordere Reihe nicht an den hinteren vorbeiquetschen muss. Alle Kinder sollten stets die gleiche Position besetzen, weil es sonst leicht zu Verwirrungen über die Reihenfolge kommen kann.
Für die Nummern mit kleineren Gruppen von Kindern bietet es sich an, mit einer ungeraden Anzahl zu arbeiten, am besten mit fünf oder sieben. Die Kinder können dann in zwei Reihen versetzt hintereinander Position beziehen. Auch hier kann es besser sein, wenn die vordere Reihe kniet, da sonst leicht die vorderen als Schatten vor z.B. den geschwungenen Tüchern der hinteren sichtbar werden.

Musik und Zuschauer

Wer viele Nummern mit Musik vorführt, sollte bedenken, dass die Musik auch dem Geschmack der Zuschauer gerecht wird. Sie soll den Zuschauern gefallen, selbst wenn man kleine Kompromisse machen muss. Führen Jugendliche auf, kann die Musikauswahl nicht nur dem Geschmack der Jugendlichen entsprechen, sondern sollte auch dem der Eltern gerecht werden. Eine bunte Mischung ist hier das beste Rezept.

Kommandos selbst geben

Alle während der Aufführung notwendigen Kommandos sollten von den Kindern selbst gegeben werden. Keinesfalls sollte der Spielleiter oder die Lehrkraft dies von außen tun. Es fördert sehr stark die Selbstständigkeit, wenn die Kinder lernen dies selbst zu regeln. Auch während der Aufführung sind bestimmte Kinder dafür verantwortlich, wenn Figuren verändert werden, Requisiten zum Einsatz kommen etc. Sie geben hinter oder auf der Bühne selbst die entsprechenden Kommandos. Lehrkräfte neigen leicht dazu, ihnen dies abzunehmen.
Das wäre falsch: Die Klasse lernt erheblich mehr, wenn sie den Ablauf selbst regelt, selbst auf die Gefahr hin, dass es kleine Pannen gibt.

Eintrittskarten und Programm

Für jede Aufführung werden Eintrittskarten und auch ein kleiner Programmzettel (siehe S.27) vorbereitet. Dies hat den Vorteil, dass alle Zuschauer den Programmablauf kennen und sich darauf einstellen können. Auch wenn die Eintrittskarten gar nicht kontrolliert werden, verteilen die Kindern sie gern unter Bekannten, in der Verwandtschaft und an Lehrkräfte, bei denen sie früher Unterricht hatten. Auf den Karten stehen noch einmal genau Ort und Zeit, sodass es nicht zu Missverständnissen kommen kann.

Schminken

Zum Schminken eignen sich am besten wasserlösliche Farben, die sich mit dem Pinsel auftragen und relativ leicht wieder entfernen lassen. Je nach Rolle können durch Farbe und Aufteilung unterschiedliche Effekte erzielt werden. Wenn man z.B. das Gesicht einheitlich mit blauer Farbe anmalt, verschwinden unter Schwarzlicht alle Konturen, und das Gesicht leuchtet geisterhaft-ausdruckslos in einen bläulichen Weiß. Bärte und übertriebene Augenbrauen schaffen einen Eindruck von Autorität, breite lachende Münder und runde Backen passen eher zu den tollpatschigeren Clowns. Die Augenpartie selbst kann ohne Schwierigkeiten ausgespart werden – alles, was Sie nicht farbig anmalen, erscheint auf der Bühne ohnehin schwarz. Am besten ist es, einfach einen farbigen Ring um die Augen zu malen.

Strukturen und Therapie

Jede Aufführung im Schwarzen Theater hat eine sehr strenge, aber auch übersichtliche Struktur. Der Ablauf einer Nummer ist bis auf einzelne Bewegungen hin genau festgelegt und muss beachtet werden. Von daher eignen sich solche Aufführungen auch sehr gut für unruhigere Kinder, weil sie hier spielerisch und hoch motiviert lernen, Strukturen zu akzeptieren. Sie erlernen sie und sind selbst verantwortlich, dass sie eingehalten werden. Besonders froh sind sie, wenn es ihnen gelingt, den Ablauf exakt einzuhalten. Wir haben das Schwarze Theater aufgrund seiner starken Regelhaftigkeit auch in der Therapie mit überaktiven Kindern eingesetzt. Sie haben sehr schnell den Ablauf verstanden, halten alle Regeln streng ein und freuen sich über ihre Erfolge bei der Aufführung.

Für den Notfall

Für den Notfall sollte während jeder Aufführung ein kleiner Werkzeugkasten hinter der Bühne zur Verfügung stehen.
Er sollte alles enthalten, was für schnelle Reparaturen notwendig ist: Sicherheitsnadeln, Heftzwecken, Klebeband, schwarzes Gummiband, aber auch einige Neonpapiere in unterschiedlichen Farben, schwarze Dispersionsfarbe und einige Pinsel. Es ist günstig, für alle Fälle wenigstens eine Neonröhre als Ersatz vorrätig zu haben.

Ein Clownsgesicht kann mit wenigen Farben geschminkt werden. Dabei leuchten die fluoreszierenden Farben besonders intensiv.

Literaturverzeichnis

Budenz, T. & Lutz, E.J. (1970) *Das Fünfzehnminutentheater.* München: Don Bosco Verlag.

Currell, D. (1999) *Puppets and Puppet Theatre.* Ramsbury, Marlborough, Wiltshire: The Crowood Press.

Ebner, M. (1999) *Lichttechnik für Bühne und Disco.* Aachen: Elektor Verlag.

Fischer, O. (1980) *Das Wunderbuch der Zauberkunst.* Zürich: Edition Olms.

Fling, H. (1973) *Marionettes. How to Make and Work Them.* New York: Dover Publications.

Grater, M. (1984) *Paper Mask Making.* New York: Dover Publications.

Hasenbeck, M. (1988) *Wir sind die Clowns. Mit Kindern die Welt des Narren erleben.* Offenbach: Burckhardthaus Laetare Verlag.

Historisches Museum Frankfurt (Hrsg.) (1981) *Laterna Magica – Vergnügen, Belehrung, Unterhaltung. Der Projektionskünstler Paul Hoffmann.* Frankfurt.

Kersten, R. (1990) *Schwarzes Theater.* Frankfurt: Puppen & Masken.

Kodicek, S. (1977) *Black Theatre for Children.* London: Pelham Books.

Oberschachtsiek, B. (1999): Schwarzlicht Theater. Ein kurzer Wegweiser für Einsteiger. Herford: Pappnase & Co.

Pawelke, R. (1995) *Schwarzes Theater aus der Traumfabrik.* München: Hugendubel Verlag.

Reinhardt, F. & Reinhardt, U. (1991) *Schwarzes Theater. Anleitung und Spielideen.* München: Don Bosco Verlag.

Rothstein, A. (1979) *Du wollen Clown spielen.* München/Wien: Jugend und Volk Verlagsgesellschaft.

Schinzer, W. (1964) *Spielen – Raten – Lachen.* Wuppertal: Aussaat Verlag.

Schmitt, S. (1999) *Schwarzlicht macht Schule.* Die etwas andere Theater-Werkstatt. Lichtenau: AOL-Verlag.

Steinmeyer, J. (1999) *The Science Behind the Ghost.* Burbank: Hahne.

Zmeck, J. (1965) *Wunderwelt Magie.* Berlin: Henschelverlag.

Bezugsquellennachweis

Neonfarben und Neonpapier sind ohne Schwierigkeiten im Fachhandel erhältlich. Die großen Firmen wie Pelikan oder Deka führen sie im Sortiment.

Auch schwarzer Stoff kann in entsprechenden Läden – vor allem auch als Restposten – problemlos erworben werden.

Schwarze Plastikfolien sind unter anderem bei der Firma Raiffeisen preiswert erhältlich. Schwarze Teichfolien, die als Bühnenboden geeignet sind, führt jedes Gartencenter.

UV-Leuchtstoffröhren können ebenfalls über den Elektrohandel ohne Schwierigkeiten bezogen werden.

Wer aber nun besondere Wünsche hat oder vieles bei nur einem Lieferanten beziehen möchte, sei auf die folgenden Versandadressen, die sich u.a. in ihrem Sortiment auf Schwarzes Theater spezialisiert haben, hingewiesen:

1. Conrad Electronic GmbH, Klaus-Conrad-Str. 1, 92240 Hirschau, Tel. 09622/300

Spezialisiert auf Lampen, Röhren, Nebelmaschinen und Lichteffekte.

2. Kryolan, Papierstr. 10, 13409 Berlin, Tel. 030/919095 oder 4911249, Fax 030/4914994

Spezialisiert auf Schminkmittel. Es können Leuchtschminke phosporeszierend (nach Beleuchtung mit einer normalen Lichtquelle 3-5 Minuten nachleuchtend) – aber auch Leuchtschminke fluoreszierend (leuchtet nur bei Bestrahlung durch eine UV-Lichtquelle) und Supracolor Tagesleucht-Schminke bestellt werden. Ebenso kleine Schminksets, Haar-Gel, Haar-Strähner und Leucht-Lippenstifte. Materialien zum Abschminken, Haare, Bärte, Perücken und eine Auswahl von Schminkbüchern sind ebenfalls erhältlich.

3. Pappnase & Co., Von-Essen-Str. 76, 22081 Hamburg, Tel. 040/298104 – 10, Fax: 040/298104-20

Neben Literatur können fluoreszierende Plakatfarbe, Neon-Stoffmalfarbe, Neon-Spray, Neon-Papier, Neon-Karton, Neon-Krepp, Neon-Schnur, Neon-Ballons, Leuchtkreide und Leuchtfarbe angefordert werden. Auch Requisiten (Schläuche, Bälle, Tücher etc.) in Neonfarbe sind Bestandteil des Sortiments.

4. Traumfabrik, Postfach 120547, 93027 Regensburg, Tel. 0941/401025, Fax 0941/401026

Es können eine komplette Bühnenausstattung – alle für eine Aufführung notwendigen Materialen (Kapuzen Handschule, Stäbe, Styroporkugeln, Satinband etc.) und die komplette technische Ausstattung (UV-Röhren, Fluter, Bühnenscheinwerfer, Stative, Regie-Mischpult) – geliefert werden. Separat bestellbar: UV-Röhren mit festem Gehäuse, schwarzer Bühnenmolton (meterweise), schwarze und weiße Handschuhe und schwarze Kapuzen.

Neben dem Buch von R. Pawelke können zusätzlich ein Lehrvideo und eine Musik-CD geliefert werden.

Raum für Notizen:

Kunst in Pädagogik und Therapie

Christine Leutkart / Andreas Leutkart

Schachtelfresser und Sonnenwürmer

Geschichten und Phantasien als Anlass für kreatives Gestalten in Atelier und Kunstunterricht

Hier hat das Autorenpaar selbst erfundene Geschichten und Phantasien zusammengetragen, mit denen sie in ihrer Arbeit als Kunsttherapeutin und als Kunsterzieher Kindern, aber auch Jugendlichen, den Einstieg ins kreative Gestalten anbieten.

Der kunsttherapeutische Ansatz gibt durch das Anbieten von kreativen Mitteln und Texten ein Werkzeug in die Hand, um das, was bewegt, zum Ausdruck zu bringen und so die Eigenwahrnehmung und das Erleben der Umwelt bewusster bzw. selbstbewusster zu gestalten. Der kunstpädagogische Ansatz hingegen nutzt die Geschichten und Phantasien, um beim eigenen Erleben anzuknüpfen und so neue gestalterische Erfahrungen, Techniken und Urteilskraft zu vermitteln. ErzieherInnen, TherapeutInnen, SozialpädagogInnen sowie LehrerInnen jeglicher Schulart können sich hier Anregungen und Inspirationen aus allen Bereichen der Bildenden Kunst (Malerei, Grafik, Plastik, Architektur) holen.

2. Auflage, 168 S., farbige Abb., Format 16x23cm, fester Einband / Alter: 4-20

ISBN 978-3-8080-0550-7 Bestell-Nr. 1212, CHF 34,80, € 21,50

Karl-Heinz Menzen

Kunsttherapie in der Sozialen Arbeit

Indikationen und Arbeitsfelder

Seit geraumer Zeit etabliert sich die Kunsttherapie in den Berufsfeldern der Sozialen Arbeit. Dieses Buch zeichnet die berufspolitische Entwicklung nach und focussiert dabei auf die Schnittstellen, die sich zwischen Sozial- und Gesundheitswesen eröffnen. Anhand konkreter Beispiele zeigt es die Anwendungsgebiete auf, immer wieder ausgehend von den Umschreibungen des ICD-10. Themen sind bspw. die psychosoziale Befindlichkeit eines Teils der Kinder von risikoschwangeren Frauen, die Ausgangslage hospitalisierter Kinder, traumatisch verstörte Heranwachsende nach familiären Trennungsprozessen, drogenabhängige Jugendliche und Jugendliche, die nicht lernen konnten, ihre Gefühle zu regulieren, von Verwahrlosung bedrohte junge Erwachsene, u.v.a.m.

160 S., Format 16x23cm, br

ISBN 978-3-8080-0699-3 Bestell-Nr. 1249, CHF 27,45, € 16,95

Christine Leutkart / Elke Wieland / Irmgard Wirtensohn-Baader (Hrsg.)

Kunsttherapie – aus der Praxis für die Praxis

Materialien, Methoden, Übungsverläufe

„Eine Fülle an gestalterischen Techniken wie Malerei und Zeichnen, Druck, Collagen, Gestalten mit Sand, Filzen sowie plastische Tätigkeiten mit verschiedenen Materialien werden vorgestellt. Die Beschreibungen der einzelnen Übungen sind sehr überschaubar gegliedert. In Form einer Tabelle wird zu Beginn jeder Übung eine kurze Übersicht über die Sozialform, das Alter der Teilnehmer, die Materialien, die Dauer und die Einsatzmöglichkeit der jeweiligen Übung aufgelistet, und es werden Vorbereitungen und Verlauf sowie die Erfahrungen, die der Einzelne oder die Gruppe durch die Übung erleben können, detailliert beschrieben. Das Buch bietet dem Leser bzw. Therapeuten ein reichhaltiges Repertoire an gestalterischen Übungen und ermöglicht es, ohne großen Aufwand das Gelesene sofort umzusetzen." M. Alkemper, ergotherapie.de

3. Auflage, 328 S., zahlreiche ausdrucksstarke Farbfotos, 16x23cm, fester Einband

ISBN 978-3-8080-0663-4 Bestell-Nr. 1223, CHF 48,30, € 29,80

Meike Aissen-Crewett

Kunst und Therapie mit Gruppen

Aktivitäten, Themen und Anregungen für die Praxis

Hier wird dargelegt, warum Kunst (worunter alle bildnerischen, gestalterischen, ausdrucksbezogenen Aktivitäten zu verstehen sind) sich in besonderem Maße für die therapeutische Gruppenarbeit eignet. Das Buch wendet sich an einen weiten Kreis: Sozialarbeiter, Psychotherapeuten, Psychologen, Beschäftigungstherapeuten, Kunsttherapeuten, Kunst-, Sozial- und Sonderpädagogen und an alle, die Kunst in ihrer therapeutisch orientierten Arbeit mit Gruppen einsetzen wollen.

5., verb. Auflage, 120 S., Format DIN A5, br

ISBN 978-3-8080-0513-2

Bestell-Nr. 1217, CHF 19,20, € 11,80

Konzentration und Entspannung

mit Dieter Krowatschek

• Soziales Lernen – pur!

NEU!

mit Gordon Wingert und Gita Krowatschek

Beliebte Übungen für die Arbeit in Gruppen
224 S., Format 16x23cm, Klappenbroschur, ISBN 978-3-938187-72-2,
Bestell-Nr. 9421, € 18,80

• Schwierige Schüler im Unterricht – Was wirklich hilft

mit Gordon Wingert. 308 S., vierfarbig, Beigabe: CD-ROM, Format DIN A4, im Ordner,
ISBN 978-3-86145-315-4, **Bestell-Nr. 8410, € 40,00**

• Marburger Konzentrationstraining für Jugendliche (MKT-J)

mit Gita Krowatschek und Gordon Wingert
2. Aufl., 240 S., mit Farbabb., DIN A4, im Ordner, ISBN 978-3-938187-58-6, **Bestell-Nr. 9386, € 40,00**

• Schwarzes Theater – leicht gemacht

Ausstattung und Spielvorschläge für die Schule

mit Uta Hengst und Dieter Leiterer
5. Aufl., 116 S., vierfarbig, Format 16x23cm, Ringbindung, ISBN 978-3-86145-196-9,
Bestell-Nr. 8308, € 20,40

• Marburger Verhaltenstraining (MVT)

ADS/ADHS – Materialien für Diagnostik und Gruppentraining in Schule und Therapie
mit Gordon Wingert. 5. Auflage, 308 S., mit Farbabb., DIN A4, im Ordner,
ISBN 978-3-86145-316-1, **Bestell-Nr. 8315, € 40,00**

• 177 x Spaß im Unterricht

Eine Auswahl lustiger, spannender, pfiffiger und kreativer Spiele für Schulklassen und Gruppen – mit und ohne Vorbereitung
4. Aufl., 160 S., farb. Abb., Format 16x23cm, br,
ISBN 978-3-86145-309-3, **Bestell-Nr. 8378, € 20,40**

• Mit dem Zauberteppich unterwegs

Entspannung in Schule, Gruppe und Therapie für Kinder und Jugendliche
mit Uta Hengst, 3. Aufl., 344 S., Beigabe: Audio-CD (Laufzeit 72 Min.), Format 16x23cm,
fester Einband, ISBN 978-3-938187-12-8, **Bestell-Nr. 9355, € 29,80**

• Marburger Konzentrationstraining für Schulkinder

mit Gita Krowatschek und Caroline Reid, 8., verb. Auflage, 260 S., viele, neue Kopiervorlagen,
farbige Abb., Format DIN A4, im Ordner, ISBN 978-3-86145-331-4, **Bestell-Nr. 8365, € 40,00**

• Marburger Konzentrationstraining (MKT) für Kindergarten, Vorschule und Eingangsstufe

mit Sybille Albrecht und Gita Krowatschek, 4. Aufl., 244 S., davon 100 S. Kopiervorlagen,
farbige Abb., Format DIN A4, im Ordner, ISBN 978-3-86145-269-0, **Bestell-Nr. 8334, € 40,00**

• Die Fly reist um die Welt

Neue Entspannungsgeschichten für unruhige, unauffällige, übermütige und ängstliche Kinder
mit Caroline Reid, 200 S., farbige Abb., Format 16x23cm, fester Einband,
ISBN 978-3-938187-73-9, **Bestell-Nr. 9422, € 22,80**

• Geschichten von der Fly

Entspannung für unruhige, unauffällige, übermütige und ängstliche Kinder
mit Uta Theiling und Caroline Schmidt, 192 S., farbige Abb., Beigabe: Audio-CD,
Format 16x23cm, fester Einband, ISBN 978-3-938187-50-0, **Bestell-Nr. 9400, € 26,80**

• Mit der Fly durch das Jahr

Immerwährender Kalender
mit Caroline Schmidt, Broschürenkalender, farbig, 28 Blatt, Format 30x30cm
(offen 30x60cm), geh, ISBN 978-3-938187-59-3, **Bestell-Nr. 9408, € 9,80**

BORGMANN MEDIA

verlag modernes lernen borgmann publishing

Schleefstr. 14 • D-44287 Dortmund • Kostenlose Bestell-Hotline: Tel. 0800 77 22 345 • FAX 0800 77 22 344
Ausführliche Informationen und Bestellen im Internet: www.verlag-modernes-lernen.de